EU ACREDITO NO PAPAI NOEL E EU ACREDITO EM DEUS

EU ACREDITO NO PAPAI NOEL E EU ACREDITO EM DEUS

Por que Eu Acredito

Por J. Lynn Currie

ARPress
ILLUMINATING IDEAS.
EMPOWERING VOICES

ARPress
45 Dan Road Suite 5
Canton MA 02021
Telefone: 1(888) 821-0229
Fax: 1(508) 545-7580

Informações sobre pedidos:
Vendas por atacado. Descontos especiais estão disponíveis para vendas por atacado para corporações, associações e outros. Para mais informações, entre em contato com a editora no endereço acima.

Impressão nos Estados Unidos da América

ISBN-13:   Capa mole: 979-8-89676-317-8
              Livro eletrônico: 979-8-89676-318-5

Número de controle da Biblioteca do Congresso: 2024901849

As citações bíblicas são da Bíblia de Jerusalém, a menos que indicado de outra forma.

As definições são do Concise Oxford American Dictionary (2006), a menos que indicado de outra forma.

Endossos

Eu conheço o Lynn há cerca de 20 anos. Alguns de nós o chamam de pensador profundo. Eu sei que ele tem paixão por sua crença e pelo material que aborda neste livro. É uma leitura valiosa para qualquer pessoa que tenha dúvidas sobre sua fé devido à ciência ou filosofia. Eu compartilharia este livro com qualquer pessoa que esteja enfrentando essas dificuldades ou outras para fortalecer sua crença.

Rev. Don Coventry, Diácono. Igreja Episcopal de São João, Decatur, IL. Detetive (Aposentado), Departamento de Polícia de Decatur, Decatur, IL.

Conheci o Lynn há 45 anos, quando eu era estudante de medicina no segundo ano. Por 5 anos, nossas famílias se reuniram semanalmente em um pequeno grupo de estudo bíblico. Que memórias maravilhosas, à medida que o "ferro afia o ferro." O humor, a franqueza, a perspicácia e o amor de Lynn por Jesus brilharam intensamente então, como brilham neste livro. Prepare um marca-textos enquanto lê... você pode acabar o desgastando. Dennis E. McCreary, M.D. Certificado pelo American Board of Family Medicine. Medicina de Família, Aurora Health Care, Zion, IL. Professor Clínico Associado, Chicago Medical School.

Conheci o Lynn quando trabalhávamos na mesma divisão de uma agência estadual. Suas habilidades de escrita eram bem conhecidas. Como eu também era e ainda sou pregador, nos conectamos. Ao longo dos anos, tivemos muitas conversas de natureza teológica e filosófica. Neste livro, ele faz um bom trabalho ao compartilhar suas razões para acreditar em Deus. O material é direto, embora ele enfatize aquelas áreas que são de maior importância para ele. Eu recomendaria este livro a qualquer pessoa que não acredita ou que possa ter dificuldades para acreditar devido aos temas discutidos. Rev. Donald Peck, Pastor, Loami United Methodist Church, Loami, IL.

Lynn foi a primeira pessoa que batizei em Cristo. Ele tinha 14 anos e eu era o ministro juvenil de 19 anos dele. A fé de Lynn era vibrante e entusiástica. Ainda me lembro de sua reação depois de ler *Torturado por Cristo* de Richard Wurmbrand, um livro que eu dei para ele ler. Quando ele me devolveu, sua reação me surpreendeu. Ele disse algo como: "Eu queria estar lá. Realmente custa algo acreditar em Cristo quando enfrentamos perseguição."

As dificuldades que Lynn enfrentou na vida não podem ser caracterizadas como perseguição, mas foram o suficiente para testar sua fé. Na verdade, elas destruíram sua fé... por um tempo. Mas depois de permanecer dormente através de uma vida de lutas físicas, emocionais e espirituais, as sementes de fé que foram plantadas em sua juventude voltaram à vida, e o que você lê aqui é prova de sua fé não apenas renovada, mas aprofundada e ainda mais robusta em Cristo.

Se a vida desafiou sua fé em um Deus que não apenas existe, mas que te ama e se importou o suficiente para enviar Seu Filho para morrer por você, deixe a jornada de Lynn pelos campos minados da vida oferecer alguma ajuda e direção que pode muito bem possibilitar que você alcance a praia prometida. Rick Wenneborg, Ministro. Chatham Christian Church, Chatham, IL.

Prefácio

Quando eu tinha cerca de onze anos, fui de forma um tanto rude e com risos informado de que eu estava velho demais para acreditar no Papai Noel. Anos depois, muitas vezes me diziam que eu estava velho demais e era inteligente demais para acreditar em Deus. Eu discordo de ambas as afirmações.

A questão do Papai Noel não é grande coisa. Mas minha crença em Deus é algo muito importante para mim. Algumas pessoas consideram minha crença irracional, anticientífica, delirante ou até perigosa. Eu não penso assim.

Eu acredito que faz tanto sentido acreditar em Deus quanto não acreditar. Quero dizer isso em termos de lógica, filosofia, ciência e bom senso.

É frequentemente difícil ter uma discussão séria com alguém sobre qualquer assunto. Eu descobri que isso é particularmente difícil quando tento compartilhar com familiares, amigos ou conhecidos as razões pelas quais acredito em Deus. Existem várias razões pelas quais eu acredito em Deus. Além da dificuldade de compartilhar todas ou a maioria delas em uma conversa casual, é a combinação dessas razões (que eu também chamo de evidências) juntamente com a fé que sustentam minha escolha de crer. Nesse sentido, é como o princípio onde o todo é maior do que a soma das partes.

Por exemplo, um amigo te conta que esteve no "SOD BAR" na noite passada. Você duvida dele. Ele diz que esteve lá entre 10 da noite e meia-noite. Ele estava com um amigo. Esse amigo diz que estava lá. Mas isso pode ser uma conivência. O bartender reconhece uma foto do seu amigo, mas não consegue ter certeza do dia ou horário em que o viu pela última vez. Uma cliente acha que se lembra de ter visto alguém com a camisa interessante que ele estava usando. A câmera de segurança tem uma foto de um carro que parece o do seu amigo, mas não tem uma imagem dele. Você acredita mais ou menos no seu amigo? Parte da sua decisão será baseada nas evidências e na sua confiança nele. Caramba. A vida é uma Estranha Velha Cão. [Frase retirada de uma linha da série *Providence*.]

Neste pequeno livro, tento compartilhar minhas razões para acreditar em Deus. Espero fazer isso de uma maneira que você consiga entender de onde estou vindo, concordando ou não.

Agradecimentos

Primeiramente, quero agradecer a Rick Wenneborg, que me guiou para a fé e tem sido um amigo, mentor e incentivador em minha vida e minha escrita. Também agradeço a Lynn Laughlin, que ensinou o primeiro curso de psicologia que eu fiz. Como Reitor de Estudantes, ele também me demonstrou a graça de Deus na minha experiência de vida. Meu amigo de longa data, Jim Clarkson, leu e discutiu minha escrita comigo. Pelo que sei, ele não é teísta, mas seus comentários me ajudaram a refinar a apresentação de alguns dos meus pensamentos. Minha filha, Jackie, discutiu parte do conteúdo e me fez prestar atenção na pontuação, além de perguntar como estava indo o processo. Susan, minha esposa, me apoiou durante todo o processo. Agradeço a ela pelo incentivo, mesmo que muitas vezes tenha sido algo como, se você vai fazer, então faça. E, acima de tudo, dou graças a Deus, o Grande Espírito, que eu acredito de alguma forma ter incentivado o pensamento de que isso poderia valer a pena ser feito.

ÍNDICE

INTRODUÇÃO

Quando alguém me diz que não acredita em Deus, geralmente respondo apenas que eu acredito. Normalmente, essa pessoa me pergunta por quê. Isso tende a levar a pelo menos uma pequena discussão. Eu começo a responder dizendo algo como o seguinte. Para mim, ou a matéria sempre existiu, ou Deus sempre existiu e é a causa, o criador da matéria que existe. Então a conversa segue por aqui ou por ali e, às vezes, nem vai a lugar algum.

Eu não quero, e não acho que seria certo, impor minhas crenças aos outros, mesmo que eu pudesse. No entanto, como um teísta cristão, sempre espero compartilhar alguma razão para que outros considerem a plausibilidade da existência de Deus.

Você não pode provar a existência de Deus. Pelo que sei, isso é verdade. E, pelo que sei, você também não pode provar que Deus não existe. Por um lado, você não pode provar que algo que não existe, de fato, não existe. Por outro lado, você pode provar a existência de algo que existe, se tiver compreensão adequada, informações e capacidade para testar hipóteses relacionadas.

No campo científico, há inúmeras coisas que se acredita existir ou funcionar de determinadas maneiras com base em hipóteses plausíveis. Mas uma hipótese não provada ainda é apenas uma hipótese, seja ela acreditada ou não. Se uma pessoa acredita (ou crê) em algo que é hipotético ou teórico, isso é um ato de fé. Uma maneira de pensar sobre a diferença é que ninguém pergunta ou é perguntado se acredita em água. A água é um composto de hidrogênio e oxigênio (H_2O) e todos sabem que ela é real. Algo como fantasmas é uma história diferente, goste você de *Caça-Fantasmas* ou não.

Para provar que algo existe, esse algo deve ser uma coisa. Deve ser algo que de alguma forma possa ser identificado e medido. Permita-me ser um pouco abstrato e teológico a esse respeito. Deus é algo? Pela maioria, se não por todas, as teologias, Deus é considerado espírito. Espírito poderia ser considerado uma coisa, mas uma coisa que está além da nossa capacidade de examinar cientificamente.

Eu acredito que há muitas coisas sobre o mundo espiritual (sem falar no mundo material que vemos) que não sabemos. Por exemplo, acredito que há boas evidências para a percepção extrassensorial (ESP), de várias maneiras. Na teologia cristã, Deus criou muitos seres espirituais, ou entidades, alguns dos quais eram anjos. Alguns anjos se rebelaram e acabaram se tornando o que chamamos de demônios. Algo como demônios ou outras entidades espirituais podem assumir forma humana ou alguma forma que poderia ser cientificamente detectável e estudada. Talvez o que chamamos de fantasmas seja detectável. No passado, a palavra "fantasma" era intercambiável com espírito, como no "Espírito Santo" ou "Santo Espírito". Fantasmas podem ou não ser o espírito de uma pessoa falecida. De qualquer forma, tal aparição pode ser fisicamente detectável. Eu não sei, apenas não estou descartando a ideia. Isso simplesmente não me importa.

Se assumirmos que Deus é espírito e tem as características e a natureza atribuídas a Ele pelo cristianismo, nunca poderíamos imaginar que conseguiríamos provar Sua existência. De uma perspectiva cristã, isso inclui e exige fé. Não uma fé cega, mas fé no contexto de evidências e experiências.

Em um tribunal, os jurados são instruídos a considerar um réu culpado se a acusação for comprovada além de uma dúvida razoável. Não uma dúvida absoluta. Afinal, poucas coisas são completamente isentas de qualquer traço de dúvida. Eu espero que você ache razoável acreditar em Deus, mesmo com dúvidas razoáveis. Não confiamos em muitas coisas mesmo com dúvidas razoáveis? Confiamos que o avião vai voar. No entanto, existem probabilidades definitivas de que possamos sofrer um acidente. Com essa dúvida razoável científica, arriscamos nossas vidas toda vez que voamos. Eu admito que essa é uma analogia ruim, mas o que estou tentando dizer é que algumas coisas são razoáveis de acreditar, mesmo com algumas dúvidas.

Geralmente, quando conversamos com alguém, gostamos de acreditar que compartilhamos algum terreno comum. Isso nem sempre é o caso. Gosto de pensar que sou uma pessoa relativamente tolerante, mas não tenho muita paciência com quem não acredita na realidade. Quero dizer, se você não acredita na realidade, então toda a conversa é irreal, certo? Eu acredito em absolutos, e a realidade é um deles. Alguém pode dizer que eu acredito em Deus e que essa é a minha realidade, mas não a deles. Bem, todos nós vivemos na mesma realidade, quer acreditemos em coisas diferentes ou não. Sim, percebemos a realidade de maneiras diferentes em maior ou menor grau, mas isso não significa que existem realidades diferentes que estamos percebendo.

Às vezes minha esposa diz que está quente, enquanto eu estou sentindo frio. A temperatura é a mesma. Isso não significa que ela não esteja sentindo calor ou que eu não esteja sentindo frio. O termômetro não registra uma temperatura diferente para cada um de nós. Nem mostra uma temperatura "realmente sentida" para cada um de nós.

Alguns dizem que tudo é relativo. Isso é relativamente verdadeiro. Mas uma coisa é apenas relativa a outra. Se houvesse apenas uma temperatura, não haveria temperatura mais quente ou mais fria. Ainda assim, isso não impediria a esposa de sentir mais calor ou eu de sentir mais frio. A maneira como as pessoas usam o termo "relativo" me faz pensar que, se tudo é relativo, então a afirmação de que tudo é relativo é relativa.

A teoria da relatividade tem a ver principalmente com perspectiva. Simplesmente, a perspectiva de um observador altera a percepção do observador. Assim, a velocidade de um objeto em movimento pode ser percebida de forma diferente, dependendo da perspectiva do observador. Cientificamente aceita e demonstrável.

A teoria da relatividade foi aplicada à psicologia, sociologia, filosofia e moralidade de maneira extrema. A ponto de afirmar que, no final das contas, não há verdade (absoluta) ou certo e errado; existe apenas a percepção de cada um sobre isso. Independentemente das nossas ideias de verdade ou certo e errado, que podem ser bem diferentes, todos têm algum conceito de verdade e de certo e errado. Você pode imaginar alguém que não concordaria com a afirmação de que não é certo você fazer o mal a mim? Não dizemos que tudo é bom e que algumas coisas são apenas menos boas. De alguma forma, todos nós temos algum conceito do que chamamos de certo e errado.

Até certo ponto, nossas percepções da realidade diferem em vários aspectos. Ainda assim, a realidade que percebemos é uma só. Felizmente, há uma faixa usual (normal, se preferir) de variação nas diferenças. Sem isso, teríamos muita dificuldade até mesmo na comunicação básica.

Percebemos a realidade, ao menos principalmente, por meio do que chamamos de nossos sentidos. De certa forma, nenhum de nós está em contato direto com a realidade, por si só. Isso é verdade para todos os seres vivos. Para nós, homo sapiens, isso é chamado de processamento de informações humanas. Por exemplo, a luz atinge nossos olhos. Ela é focalizada em nossas retinas, que contêm grupos de células que respondem a diferentes informações, como cor. Isso é enviado ao cérebro (principalmente para partes especializadas na análise desses dados) que, junto com outras partes do cérebro, finalmente interpreta e decide o que, se for o caso, fazer com isso. De maneira semelhante, percebemos a realidade por meio de todos os nossos sentidos.

A cor vermelha existe? De maneira simples, eu diria que, se a cor vermelha não existisse, então muitas coisas também não existiriam. Temos um carro vermelho. Ao ler isso, você imaginou um carro verde, amarelo ou azul? Claro que não. Você imaginou um carro vermelho. Há uma boa chance de você não ter imaginado o modelo específico ou a cor exata do vermelho. Nós nos referimos a um determinado espectro de luz como vermelho. Esse espectro inclui vermelho metálico, vermelho de caminhão de bombeiros, vermelho sangue, etc. Da mesma forma, você não imaginou um ônibus ou um caminhão, certo?

Eu acredito que existe uma realidade e que, por conta de como somos feitos e funcionamos, percebemos essa realidade. E, apesar das variações, percebemos essa realidade de forma notavelmente semelhante. Claro, algumas pessoas são daltônicas (eu sou um pouco), outras são cegas, algumas surdas, e outras não têm sensibilidade ao toque ou à temperatura. Esses indivíduos possuem uma percepção diferente ou ausente comparada à percepção "normal" (ou usual) da mesma realidade.

E se você fosse uma borboleta e eu estivesse sonhando que você é um ser humano? É importante que exista uma realidade e que todos a percebamos de maneira básica e semelhante. Um homem percebe que pode voar. Essa é a realidade dele. Ele se coloca no topo de um prédio e se prepara para voar. Você acha que ele vai voar? Se não, por que não? Essa é a realidade dele. Se a realidade é realmente relativa e individual, então não deveríamos esperar que ele voasse? Eu acho que você não espera que ele voe. Apenas porque. Porque você conhece a coisa chamada gravidade, por meio da ciência e da experiência, e você conhece a gravidade da situação. Talvez o homem tenha algum tipo de disfunção no processamento habitual de informações, seja biológica ou psicológica. Você acredita na lei da gravidade e acredita que ignorar essa lei é uma espécie de mal funcionamento na percepção da realidade.

Eu imagino que a maioria de vocês que está lendo isso acredita na realidade. Para mim, é importante que exista uma realidade objetiva, consistente e perceptível. Existem alguns que acreditam que não existe realidade ou que o que chamamos de realidade é subjetivo. A objetividade, consistência e perceptibilidade na realidade são necessárias para a ciência e para nossas vidas cotidianas.

Um bom exemplo disso é o princípio da permanência do objeto. Pense em uma cadeira. Se você tem uma cadeira, espera que ela continue sendo uma cadeira amanhã e talvez por vários anos, dependendo da condição da cadeira. Nenhuma cadeira será uma cadeira para sempre. Mas, por um período razoável de tempo, você espera que a cadeira não só continue sendo uma cadeira, mas também seja basicamente a mesma cadeira. Se a cadeira estiver perto da mesa, você espera que ela continue lá. A menos que haja terremotos, tornados, furacões, etc. Se você estiver sentado na cadeira e se levantar, pode se sentar novamente sem olhar para ver se a cadeira ainda está lá. Sem pensar nisso, você está demonstrando que acredita na realidade de muitas coisas, incluindo a matéria, a cadeira, a gravidade e outras leis físicas.

Algumas pessoas pensam que não existe matéria. Que é um produto da nossa imaginação. Elas acreditam que somos todos espírito e que o que pensamos ser matéria é um produto do espírito. Isso é difícil para mim de entender. Será que importa se não existe matéria, mas você vive sua vida como se existisse matéria e isso importa? Alguns acreditam que somos todos Deus. Ou que Deus é tudo e tudo é Deus. Não posso falar por você, mas não sinto que sou Deus ou 7 de 9 de uma consciência coletiva que compõe Deus. Me parece que qualquer uma dessas formas de pensar só pode acabar em algum tipo de niilismo fatalista e determinista; basicamente, significando que nada importa de qualquer maneira.

Tudo o que eu digo nas páginas seguintes foi objeto de estudo e reflexão séria por cientistas, filósofos e teólogos ao longo de muitos séculos. Em relação a qualquer coisa que eu diga, existe uma vasta literatura que apoia e critica isso. Eu sou apenas um pobre estudante de grandes mentes. Eu desfrutei e, de certa forma, ainda desfruto, de ler nas áreas de como sabemos o que sabemos (epistemologia), a estrutura da experiência e da consciência (fenomenologia), e a natureza do ser e do mundo que a engloba (metafísica, incluindo ontologia). Às vezes, eu me esqueço dessas palavras grandes ou do que elas significam.

Minha intenção aqui é compartilhar minhas razões para acreditar em Deus. Parte disso vem do meu entendimento limitado das áreas de estudo mencionadas acima. Meu objetivo é fornecer o suficiente de reflexão para que o leitor considere a crença em Deus uma escolha plausível e razoável.

EU ACREDITO NO PAPAI NOEL (E O QUE ISSO SIGNIFICA?)

Alguns anos antes de me tornar adolescente, eu estava visitando meus primos gêmeos. Eles tinham duas cordas amarradas entre duas árvores no quintal deles. A de baixo era uma corda bamba. Era preciso andar nela enquanto se segurava na outra. Meus primos eram um pouco mais velhos do que eu. Quando chegou a minha vez, eu estava com medo. Minhas pernas começaram a tremer tanto que eu temia cair da corda. Eu acreditava que poderia fazer aquilo, e, com muita apreensão, eu consegui.

Logo depois, enquanto conversávamos, percebi algumas bicicletas e peças ao lado da garagem deles. Eu disse: "Vou pedir para o Papai Noel me dar uma bicicleta." Meus primos começaram a rir. Eles zombaram de mim perguntando: "Você ainda acredita no Papai Noel?" Eu disse: "Sim", o que só piorou a situação para mim. Mais risadas e comentários dizendo o quanto eu era bobo. Não existe Papai Noel!

Bem, meus pais sempre falaram sobre o Papai Noel. Eu ganhava presentes do Papai Noel. Como não poderia haver um Papai Noel? Mais tarde, em casa com meus pais, compartilhei isso e perguntei sobre o Papai Noel. Da melhor forma que puderam, tentaram me explicar tudo. Eu fiquei muito magoado.

Fiquei bravo com meus pais. Como eles puderam me deixar acreditar nisso, sendo que não era verdade? Eu chorei. Não colocaria dessa forma na época, mas foi como se eles tivessem traído a minha confiança. Na idade em que eu estava, isso afetou minha confiança e percepção da realidade. Foi um grande evento na minha vida, por mais que isso possa soar bobo.

E agora, já nos meus 70 anos, ainda acredito no Papai Noel. Isso tem a ver com o que significa "acreditar". Eu percebi que meus pais não tinham más intenções. Eles queriam que eu fizesse parte de uma tradição comum. Eles se divertiam com isso e apreciavam minha felicidade ao receber algo do Papai Noel.

Então, por que ainda acredito e o que isso significa? Bem, eu não acredito em um homem alegre que, de alguma forma, entrega presentes. Eu acredito que é uma tradição, baseada em uma lenda e talvez em algum fato. Eu gostei de praticar essa tradição com meus filhos. Ainda foi divertido, mesmo com a minha explicação de que era apenas uma tradição.

Deixe-me ser claro, a maneira como eu digo que acredito no Papai Noel e em Deus são bem diferentes. É principalmente uma questão de semântica e das várias formas que usamos a palavra "acreditar".

O que significa acreditar em algo ou acreditar em algo, afinal? Isso se refere à crença em Deus. Perguntamos, você acredita em fantasmas ou em seres extraterrestres ou em Deus? Não perguntamos se você acredita em carros ou casas. Existem muitas músicas que fazem perguntas como "Você acredita em milagres?" e "Você acredita no amor?"

Independentemente disso, vale a pena dar uma olhada breve no que podemos entender por "acreditar". As definições a seguir são de Dictionary.com.

"**Acreditar**" quando usado como verbo com um objeto significa ter confiança na verdade, na existência ou na confiabilidade de algo, embora sem prova absoluta de que se está certo ao fazer isso. Quando é usado como um verbo, como em "acreditar em", significa ser persuadido da verdade ou da existência de algo ou ter fé na confiabilidade, honestidade, benevolência, etc., de algo.

Na mesma medida em que fadas são seres imaginários e unicórnios são animais míticos, eu também acredito no Papai Noel. O que então significa quando eu digo que acredito em Deus?

Vamos começar com o que eu quero dizer com "Deus". O que ou quem é Deus? As definições a seguir são paráfrases do *Concise Oxford American Dictionary*.

Deus (no cristianismo e em outras religiões monoteístas) é o criador e governante do universo e fonte de toda a autoridade moral; o ser supremo. E deus (em algumas outras religiões) é um ser ou espírito sobrenatural adorado por ter poder sobre a natureza ou as fortunas humanas; uma divindade.

O dicionário não consegue cobrir tudo, especialmente se tentar ser conciso. Existem muitas outras formas de as pessoas conceptualizarem o que pode ser referido como Deus. Estas incluem: Deus é tudo; tudo é Deus; Deus está em tudo; nós somos Deus; nós somos Deus nos tornando Deus; Deus é a consciência cósmica; Deus é G.O.D. (o princípio Orientador, Organizador e Designer); e quem sabe o que mais.

É importante para mim que você tenha alguma ideia do porquê eu acredito em Deus no sentido teológico judeu-cristão e cristão tradicional. Algumas das minhas razões para acreditar são basicamente o que eu sei da ciência atual e algumas do meu entendimento de filosofia e teologia. Todos esses elementos interagem de diferentes maneiras na minha visão de mundo. Os fundamentos da ciência são hipóteses, experimentos e (possível) replicação—todos no contexto de projeto de pesquisa, metodologia, etc. A filosofia é o estudo do conhecimento. O que sabemos e como sabemos isso? Dependente de várias abordagens lógicas. A teologia é, em certo sentido, uma especialidade filosófica, sendo o estudo de Deus. Embora muitas vezes seja um estudo de outros "estudos". Independentemente disso, minhas crenças sobre Deus incluem o que são chamados atributos que são declarados ou derivados de declarações no Antigo e Novo Testamento. Por exemplo, Deus está fora e dentro do tempo, ao mesmo tempo. Eu me referirei a essas coisas conforme eu achar que elas apoiam minha crença ao longo da minha explanação.

Aqui está um pequeno exemplo. O brilhante Stephen Hawking fez uma declaração de que, como o Big Bang foi praticamente instantâneo e não havia tempo até então, Deus não teria tido tempo para criar nada. Mas, se você aceitar a suposição de que Deus está fora do tempo, dentro do tempo e é o criador do tempo como o conhecemos, então Ele teve todo o tempo do mundo, por assim dizer, para fazer o que quisesse.

Meu conceito de tempo interage com minhas crenças de várias maneiras, e eu discutirei isso conforme se aplica ao meu pensamento. Em resumo, eu acredito que Deus é atemporal, sendo o criador do tempo—o tempo como o conhecemos e qualquer outro tempo que Ele tenha criado. Isso é um pouco teológico e não é completamente consistente com outras ideias sobre o tempo que conheço. Biblicamente, Deus se identificou como "Eu sou" e "Eu sou o que sou." Nós não temos a capacidade de compreender algo que simplesmente é. O que isso realmente significa? Honestamente, eu realmente não sei. Isso não faz sentido para mim. No entanto, outras explicações sobre nossa existência também não fazem sentido para mim, como discutirei mais adiante.

Isso pode ser mais filosófico do que teológico, mas eu comecei a pensar que Deus existe no "tempo de Deus." Talvez o uso de "tempo" não seja o mais adequado. O nosso tempo, que é tudo o que sabemos, foi o resultado do Big Bang. É uma das quatro dimensões (altura, largura, profundidade, tempo), ou até mesmo 7, para acomodar a teoria das cordas, e talvez até 11 a 21, dependendo da teoria. No meu modo de pensar, nada que possamos conhecer (exceto algo externo ao nosso tempo) pode ser ou acontecer fora do nosso tempo. Esse é o melhor modo que eu entendo Deus e o tempo. Ele está fora do tempo como o conhecemos, já que o tempo é algo do nosso universo. Mas, como Deus existia e fez coisas antes da criação do nosso tempo, Ele existia no Seu próprio tempo. Porém, há muito que não sabemos. Eu acho que talvez existam mais, ou diferentes, dimensões do tempo do que sabemos.

Na minha visão de mundo, Deus é espírito. Como espírito, Ele não é matéria (a menos que Ele queira tomar essa forma; já que Ele criou a matéria, de qualquer forma). O espírito está fora ou além da forma como as coisas funcionam em nosso mundo. Em nosso mundo, alguma consistência de matéria e regras sobre como a matéria funciona são necessárias para toda a ciência. Não temos ideia de como sequer conceber a ideia de ser atemporal. Estamos limitados pela realidade que experimentamos e dizemos que sabemos. Não podemos colocar Deus em uma caixa e estudá-Lo. A maioria das nossas descrições de Deus são antropomórficas. Isso é tudo o que podemos fazer. Estamos em

Suas mãos e Ele vê tudo e assim por diante. Deus não tem mãos nem olhos. Dizer isso é uma forma de expressar como Ele é ou o que Ele faz. Embora, Deus possa tomar forma humana com mãos e olhos reais.

E assim, eu acredito em Deus (sem prova absoluta). Todos nós acreditamos em muitas coisas sem prova absoluta! Acreditamos ou temos fé. Os dois termos são tipicamente usados de forma intercambiável. No entanto, pode haver diferenças sutis, dependendo do que estamos falando. Para mim, faz tanto sentido acreditar em Deus quanto não acreditar. As evidências, como eu as entendo, estão mais a favor da crença do que da descrença. Além disso, há a fé. Isso é um pouco diferente. Eu admito, em minha crença, que estou dando um salto de fé. Mas eu acredito que esse salto não é cego. Ele não é baseado em uma prova absoluta, mas em algo razoável com evidências de apoio. Sim, eu tenho minhas dúvidas e perguntas. Não importa o que alguém acredita, todos têm. Como Madre Teresa e Billy Graham. A questão principal é que eu quero que você veja por que acredito que faz tanto sentido acreditar em Deus quanto não acreditar. Meus motivos para pensar assim eu compartilho com você.

OU A MATÉRIA OU DEUS SEMPRE EXISTIU

Pode parecer tolo, mas uma questão filosófica antiga é: "Por que existe algo em vez de nada?" Muitas pessoas ponderaram sobre isso e escreveram muitos volumes discutindo essa questão. Claro, se não houvesse nada, ninguém perguntaria por que não há nada. Eu aceito a existência e a realidade de algo. A questão para mim é: de onde veio a matéria?

Do jeito que vejo, existem apenas três respostas sugeridas para essa pergunta. A primeira é que a matéria sempre existiu. A segunda é que algo vem do nada. A terceira é que Deus sempre existiu e criou a matéria.

No passado, parecia tão sensato acreditar que o universo sempre existiu quanto acreditar que a Terra era plana e o centro do universo. Hoje em dia, é geralmente aceito que o universo não existiu para sempre. Ele é o resultado do que chamamos de Big Bang. Isso diz respeito à criação do universo, e não à criação da matéria em si. A ideia é que houve um ponto de singularidade ou algo infinitesimalmente pequeno que de alguma forma explodiu e, ao longo de bilhões de anos, produziu o universo e tudo o que nele existe. Uma decisão ou escolha básica que eu preciso fazer é sobre se a matéria sempre existiu ou se Deus sempre existiu e é o criador da matéria. Eu ainda acho que essas são minhas escolhas, apesar do Big Bang, das explicações sobre algo vindo do nada e das ideias de como a matéria não existe. Por menor que seja, e por mais universos múltiplos (multiversos) ou universos que se repulsam, ainda assim era algo. Seja o que for, ou sempre existiu ou foi criado.

Eu acredito que eu e a matéria existimos. Meu corpo é matéria. Se eu cair na escada e quebrar o pescoço ao bater em outra matéria [já aconteceu], isso importa! Existem algumas pessoas que diriam que isso é apenas uma ilusão ou algo assim. Elas diriam que, de alguma forma, cada um de nós é a mente divina ou a consciência cósmica ou parte dela, vendo a si mesmo ou se tornando a si mesmo – Deus vendo Deus ou Deus se tornando Deus.

Esse tipo de pensamento está contido em algumas religiões e filosofias orientais. Você pode estar familiarizado com essa maneira de pensar apresentada na Ciência Cristã. Nessa visão de tudo, a matéria não existe—tudo é espiritual. Deus (um Princípio sem pessoa ou personalidade) é tudo o que existe e o que percebemos como matéria é uma interpretação da mente divina. [de *Science and Health with Key to the Scriptures*, de Mary Baker Eddy, 1866]

Críticas a essa visão, e a outras semelhantes, são feitas cientificamente, filosoficamente e teologicamente. Permita-me compartilhar, por um momento, uma história relacionada, algo tangencial. Fui abençoado ao fazer algumas aulas de nível de pós-graduação com o Dr. James Strauss. Ele costumava dizer que a Ciência Cristã não era nem cristã nem ciência. Isso não tem nada a ver com a veracidade de sua afirmação, mas compartilho isso por causa do impacto que teve em mim. O Dr. Strauss era um cara incrível. Quero dizer, ele estudou em Tubinga e em muitos lugares prestigiosos, mas escolheu ensinar em uma humilde faculdade em Lincoln, Illinois. Em algumas ocasiões, eu o vi emprestando um monte de três a cinco livros para um aluno de pós-graduação e pedindo que fossem devolvidos no dia seguinte! Ele era uma daquelas pessoas que podia ler uma página rapidinho. Havia um boato de que ele lia livros enquanto cortava a grama. Eu duvidei disso. Aí eu vi. Sem brincadeira, ele estava empurrando a cortadora e lendo. E ele comia na cafeteria conosco, alunos. Havia um ditado sobre a faculdade: era um bom lugar para treinar missionários, porque lá tinha quente e frio, e se você conseguisse comer a comida da cafeteria, você poderia comer qualquer coisa. Quanto à comida, gostando ou não, aquilo era algo.

Então, de onde veio a matéria, aquele algo infinitesimalmente pequeno e inimaginável? A coisa mais fácil para mim pensar é que ela sempre existiu. Por várias razões científicas, incluindo a matemática e tudo mais, essa linha de pensamento não é adequada para muitos na comunidade científica. Em parte devido ao estudo intrigante da mecânica quântica e da física, surgiu a ideia de que algo veio do nada. Foi sugerido que é da natureza do nada se tornar algo. Note que, se o nada tem uma natureza, então não é nada. E, por mais estranho que pareça, isso também significaria que o nada sempre existiu. Isso se torna um pouco bizarro para mim, pois parece mais filosófico do que científico. Estou me referindo ao que se entende por "nada."

No uso comum, se abrirmos uma caixa e não vermos nada, dizemos que não há nada lá dentro. Todos sabem o que queremos dizer. Não há nada que percebamos ou nos importe. Não queremos dizer que existe algo que poderíamos chamar de "nada" lá dentro. Não queremos dizer que a caixa está desprovida de ar, poeira, micro-organismos, gravidade, radiação, partículas quânticas, energia negativa, ou qualquer coisa, ou tudo. Da mesma forma, o que chamamos de espaço vazio não é nada vazio.

Em seu livro *The Wonder of the World*, Varghese discute oito princípios ontológicos (a parte da metafísica que lida com a natureza do ser) que ele usa para apoiar basicamente a existência de Deus. Seu terceiro princípio aborda a ideia de algo vindo do nada. O resumo dessa discussão é uma apresentação melhor da minha linha de pensamento, mais sucinta. O seguinte é parte de seu resumo: "Ao longo dos séculos, os pensadores que consideraram o conceito de nada foram cuidadosos em enfatizar o ponto de que nada não é um tipo de algo. O nada absoluto nunca pode ser o objeto da investigação científica, porque toda investigação pressupõe a existência do objeto de estudo e de alguma ordem que governa o comportamento do objeto. ... O nada que cosmologistas contemporâneos e físicos quânticos discutem sempre acaba sendo algo disfarçado." (Varghese 2003, 132-133)

Eu acho que sou velho o suficiente para ter pensado que o universo era estático, mesmo se criado por Deus. Agora aceito que o universo não é estático, mas ainda acredito que foi criado por Deus.

Esta é uma consideração básica para mim. Bem, se algo que importa sempre existiu, então Deus não o criou. Em si, isso desafiaria minha visão de mundo cristã.

Uma vez foi sugerido para mim que talvez a matéria e Deus sempre tenham existido para sempre. Minha primeira reação foi achar isso uma loucura. Depois de refletir sobre isso, acho que tal ideia pode ser hipoteticamente possível. Essa foi a única vez que ouvi essa ideia. Historicamente, é fácil entender por que essa teoria não seria considerada viável nem para ateus nem para teístas. Como se acreditava que a matéria e o universo sempre existiram, não havia necessidade de considerar um deus além da nossa investigação científica. Agora que isso está sendo questionado, ateus propõem as ideias mencionadas acima de que algo vem do nada. Isso deve acontecer se não há Deus. Em geral, os teístas acreditam que Deus sempre existiu e criou tudo o que conhecemos — a matéria e o universo. Não há razão convincente para tentar juxtapôr essas duas visões de mundo.

Eu acredito na matéria. Como a maior parte da minha vida envolve matéria, é fácil acreditar nela. Ela constitui grande parte de tudo o que é importante para nós, certo?

EVIDÊNCIA DE DESIGN NA CRIAÇÃO E NA VIDA

A ideia básica por trás dessa linha de pensamento é que, se algo parece ter sido projetado, provavelmente há um designer por trás disso. Isso é comumente referido como o "argumento do relojoeiro". Ele funciona mais ou menos assim:

Se você fosse uma pessoa que nunca tivesse visto um relógio e encontrasse um enquanto caminhava na praia, você acharia interessante. Se descobrisse que ele marca o tempo, provavelmente pensaria que ele foi feito para isso. Alguém o projetou. E, além disso, ele foi projetado com o propósito de marcar o tempo. Pegue essa linha de raciocínio e aplique-a ao universo. O universo é muito complexo e funciona. Da mesma forma, as pessoas são muito complexas e funcionam. Você pode pensar que todas essas coisas foram projetadas e com algum propósito. Isso faz sentido para mim.

No entanto, talvez tudo seja apenas o resultado de coisas que acontecem aleatoriamente. Coisas acontecem de maneira aleatória ou ao menos parece que acontecem. Mas não coisas que funcionam e servem a um propósito. Fico maravilhado com o número de coisas que precisam funcionar e continuar funcionando para que o universo exista. E além disso, um universo adequado para vivermos.

Um aspecto do design implica ordem. Ordem imposta ao processo, seja por um agente externo, autônomo e necessariamente inteligente, ou por uma lei (e de onde vem essa lei?). A verdadeira aleatoriedade, ou o que chamaríamos de pura aleatoriedade, não produz ordem. Ela produz ou caos ou homogeneidade. Tal homogeneidade poderíamos chamar de ordeira, mas de pouco ou nenhum valor.

Sem algo intervindo, a segunda lei da termodinâmica diz que as coisas se desconstroem ou se desfazem (perdem a ordem). Há muitos exemplos na vida que ilustram esse ponto. É claro que alguns desses exemplos parecem autoevidentes ou até bobos de ponderar. No entanto, eles são interessantes porque parece mais intuitivamente razoável, a partir da experiência, que as coisas tendem a se quebrar ou desmoronar, ao invés de produzir ordem, especialmente a ordem complexa necessária para a existência do universo e da vida.

Lembra-se do relojoeiro? Se você desmontasse um relógio e jogasse as peças no ar ou as mexesse em uma panela por bilhões de vezes ou anos, você acha que um relógio apareceria? Ou você esperaria encontrar uma linda pintura de areia na praia, sem assumir que alguém a criou? E então, ela teria que ser sustentada ou pelo vento, pela chuva ou pelas ondas, ela desaparecerá. Se você tirar algumas camisas da secadora ou já dobradas e as jogar para o alto, você espera que elas caiam dobradas? Mesmo se você fizer isso por bilhões de anos? Se você pegar todas as letras do alfabeto muitas vezes e as jogar para o alto, uma palavra pode cair. Se você jogar novamente, essa palavra provavelmente não estará lá, e você precisa de várias palavras para formar uma frase. Quais são as chances de sair uma frase com várias palavras de uma única jogada? Em um sentido evolutivo, algo precisa manter uma palavra unida para misturá-la com outra palavra, e depois com outra, até que se forme uma frase de várias palavras.

O ponto aqui é que a aleatoriedade não produz ordem. A quantidade de ordem e leis (que podem ser ordenadas ou produzir ordem) necessárias para o universo e a vida está além da minha compreensão. A discussão a seguir apresenta apenas alguns exemplos que são verdadeiramente surpreendentes para mim e que, para mim, são sinais de que há um criador autônomo e inteligente das leis e da ordem.

Eu acredito que as coisas mudam ao longo do tempo (evoluem). Mas a teoria da evolução ainda é uma teoria, embora haja muita crença nela. Eu tenho um entendimento limitado dos argumentos biológicos sérios a esse respeito. Posso estar errado, mas duvido que o "poder primordial" seja a origem do meu próprio ser. Uma teoria que depende da sobrevivência dos mais aptos assume a chegada dos mais aptos. Pode haver algum elemento de aleatoriedade envolvido. Está ficando mais difícil tratar infecções bacterianas. Estamos evoluindo para superá-las?

No entanto, a aleatoriedade não é exatamente aleatória. Existe uma ordem subjacente à aleatoriedade. Uma grande parte da minha formação educacional é psicologia social. Estou familiarizado com a metodologia de pesquisas e com a curva de sino que está por trás de nossa abordagem a muitas coisas. Então, quando encontrei esse pensamento pela primeira vez, fiquei perplexo. Quero dizer, se você está fazendo uma pesquisa, você quer tirar uma amostra aleatória. Nesse sentido, qualquer ordem implicaria que você não tem uma amostra aleatória. Quando eu compreendi melhor isso, fiquei aliviado em saber que não estava diretamente relacionado ao que eu estava preocupado.

Basicamente, trata-se da ordem que é inerente à aleatoriedade, como no caso de a aleatoriedade produzir a curva de sino. Minha introdução à curva de sino aconteceu quando fui avaliado "pela curva". É uma maneira bastante rudimentar de atribuir um valor ao desempenho de alguém em um teste, por várias razões. De qualquer forma, existe uma média (média) das pontuações de todos os participantes do teste. Isso seria o topo da curva. Matematicamente, outras pontuações podem ser calculadas como sendo uma ou duas desvios padrões acima ou abaixo e usadas para atribuir uma nota. Outra forma que você pode conhecer o conceito da curva de sino está relacionada aos testes de QI. Aqui vai um exemplo matemático. Se você escolher um número aleatório de 1 a 100 cem vezes, calcular a média desses números e repetir esse processo cem vezes e plotar as médias, você acabará com algo próximo a uma curva de sino quase perfeita.

A ideia aqui é que a amostragem aleatória de números produz uma curva de sino previsível. Por que isso acontece? Parece haver alguma ordem na aleatoriedade por alguma razão, ou por causa de alguma razão. Ao concluir um capítulo sobre esse assunto, Schwartz diz o seguinte: "A ordem não ocorre por acaso – mas a aleatoriedade também não. A lógica se torna inexorável. A conclusão se torna inevitável. Se ordens complexas não ocorrem por acaso… e descobrimos evidências replicáveis de ordem complexa (seja em pinturas de areia ou em sequências de números que experienciamos como melodias e harmonias), então não podemos logicamente concluir que essas ordens replicadas poderiam ter ocorrido apenas por acaso. O acaso, em si, já não é uma explicação plausível para a existência da ordem. É simples assim." (Schwartz 2006, 53)

Eu odeio admitir, mas não sou inteligente o suficiente para aproveitar bem meu smartphone. Eu acredito que alguém o projetou para fazer coisas que eu não compreendo. Só porque eu não consigo entender, não significa que eu não acredite nisso. É uma invenção tecnológica que funciona de maneira notável e eu pago para usá-la. Não faço ideia do que significa 5G. Espero que não signifique mais confusão para mim.

Mais perto de casa, pelo que entendo, precisamos de bactérias benéficas para viver. Bactérias que são, em certa medida, mas não necessariamente, simbióticas ou parasitas. E todos nós temos ou já tivemos células cancerígenas ou pré-cancerígenas, mas nosso corpo tende a lidar com isso. Em tantos níveis e de tantas maneiras, tudo é complexo e complicado. Fico maravilhado com o fato de que qualquer coisa funcione, quanto mais tudo funcionando junto.

Graças aos avanços mais recentes e descobertas feitas pela astronomia, cosmologia e astrofísica, é amplamente aceito que o universo como o conhecemos não é eterno. O universo que conhecemos começou com um evento referido como o big bang. A pesquisa (que por si só é muito complexa e complicada e em grande parte está além deste homem simples) indica que a idade do universo é de 13,82 bilhões de anos (mais ou menos 20 milhões de anos). A idade da nossa galáxia, a Via Láctea, é de 11 a 13 bilhões de anos. E a idade do nosso planeta Terra é de cerca de 4,54 bilhões de anos. Sim, de algumas maneiras o tempo é relativo, mas é assim que o medimos. Eu não costumo pensar em coisas com tantos números. Tipo, se eu vivesse até os 100 anos, teria que viver dez milhões de vidas para ter um bilhão de anos. Ou, se eu estivesse contando notas de um dólar a uma por segundo sem parar, levaria 31,69 anos para chegar a um bilhão. Há muito tempo envolvido nesses números. No entanto, note que esses tempos não são infinitos, nem mesmo trilhões ou quadrilhões de anos.

Pelo que eu posso perceber, o consenso científico geral é que, desde o big bang, o universo tem se expandido. Foi muito, muito rápido no começo. Depois foi um pouco mais devagar por razões além da minha compreensão. E, desde então, continuou a se expandir em uma taxa mais rápida. Honestamente, há alguns detratores dessa visão.

Independentemente disso, isso é interessante para mim. O universo pode continuar a existir e se expandir para sempre? A maioria dos astrofísicos diz que não. De qualquer forma, o resultado será que o nosso universo deixará de existir. Isso não é uma ameaça existencial. As estimativas para isso que eu li são de um a três trilhões de anos. Isso realmente não importa. Nosso sol morrerá, se apagará, em cerca de 5,5 bilhões de anos. Se até lá conseguirmos chegar a um planeta habitável, então poderíamos viver até que o sol morra, etc. Mas só até o momento em que o universo deixe de existir. Pode então colapsar para uma singularidade infinitesimal e ter que se tornar um universo novamente. Assim dizem alguns. No entanto, o uso da palavra "tempo" em relação a isso é estranho, se você acredita que o espaço-tempo foi criado através do big bang.

Como o consenso científico, na maior parte, sustentava que o universo sempre existiu ou o fez por muitos bilhões de anos, pensava-se que havia tempo suficiente para que as coisas certas acontecessem por acaso e eventualmente gerassem a vida. Algumas dessas suposições se tornaram mais questionáveis e complicadas.

Uma complicação é o próprio big bang. Com base em estudos de radiação de fundo e outras medições, muitos pesquisadores colocam a idade do universo em 13,8 bilhões de anos e a idade da Terra em cerca de 4,45 bilhões de anos. Isso pode parecer um longo tempo. No entanto, não houve um número infinito de lançamentos dos dados cósmicos.

Outra complicação é a idade da primeira vida identificável na Terra. Em seu livro *The Hidden Face of God*, Schroeder discute o trabalho de Elso Barghoorn. Na década de 1970, Barghoorn examinou as rochas mais antigas que poderiam conter fósseis usando um microscópio eletrônico. Ele encontrou evidências fósseis de bactérias totalmente desenvolvidas em rochas de 3,6 bilhões de anos. Com mais estudos, ele descobriu indícios de vida celular por volta de 3,8 bilhões de anos, por volta da época em que a água líquida surgiu na Terra. Isso é cientificamente interessante porque há evidências de vida na Terra muito menos de um bilhão de anos após o universo ter dado origem à

Terra. "De repente, a fantasia de bilhões de anos de reações aleatórias em pequenos pântanos quentes repletos de produtos químicos férteis que levariam à vida evaporou. Elso Barghoorn havia descoberto um fato das mais intrigantes: a vida, o sistema mais complexamente organizado de átomos conhecido no universo, surgiu no piscar de um olho geológico." (Schroeder 2001, 51-52)

Schroeder compartilha comentários relacionados a esses assuntos feitos pelo laureado com o Prêmio Nobel, químico orgânico e líder nos estudos sobre a origem da vida, Christian de Duve, no livro *Tour of a Living Cell*. "A velocidade com que a evolução começou a se mover uma vez que descobriu a trilha certa, por assim dizer, e a maneira aparentemente autocatalítica pela qual se acelerou, são verdadeiramente surpreendentes ... [No entanto] o acaso e o acaso sozinho fez tudo. Mas não é, como alguns gostariam, toda a resposta, pois o acaso não operou em um vácuo. Ele operou em um universo governado por leis ordenadas e feito de matéria dotada de propriedades especiais. Essas leis e propriedades são as restrições que moldam a roleta evolutiva e restringem os números que podem surgir ... Diante da enorme soma de sorte nas jogadas bem-sucedidas do jogo evolutivo, pode-se legitimamente perguntar até que ponto esse sucesso está realmente escrito no tecido do universo." (Schroeder 2001, 51-52)

Mas o que é a vida, afinal? Achei que haveria uma resposta científica direta. Não necessariamente. Descobri que, de maneira geral, a ciência diz que existem sete processos vitais. Se algo contiver esses sete processos, seria considerado vivo. No entanto, encontrei duas listas diferentes dos sete processos e só consegui perceber que há quatro itens comuns a cada lista. Você pode verificar isso, mas aqui estão os sete itens de cada lista. Em uma lista, os processos são movimento, respiração, sensibilidade, nutrição, excreção, reprodução e crescimento. Na outra lista, os processos são resposta a estímulos, metabolizar energia, produzir descendentes, crescer, manter temperatura corporal estável, consistir de uma ou mais células e adaptar-se ao ambiente. Parece que, em algum nível, algo é considerado vivo dependendo da definição de vida.

Na época da escrita, a infecção por COVID-19 ainda está em alta. Fiquei intrigado ao ouvir algumas pessoas falando sobre matá-lo e outras dizendo que não se pode matá-lo porque ele não está vivo. Para mim, parece que aplicar qualquer uma das listas de sete processos indicaria que não é vivo. Uma razão é que ele não pode se reproduzir sem entrar em uma célula. Então, alguém diz que se você considerar a vida algo que pode se replicar com a ajuda de uma célula, então poderia chamá-lo de vivo. Apenas uma questão de definição.

Você tocou em questões profundas e fascinantes sobre a origem da vida e a relação entre ciência e crenças sobre um Criador. A questão de *como* a vida surgiu e as leis que regem tanto a matéria quanto o funcionamento do universo têm sido objeto de reflexão ao longo da história. De acordo com sua visão, a vida não poderia surgir do não-vivo sem alguma intervenção externa ou um princípio transcendental. A ideia de que a vida tem origem em algo que transcende a própria existência material é compartilhada por muitos pensadores, como foi mencionado na citação de Varghese e Dr. Arber.

A explicação científica até hoje ainda está longe de fornecer uma resposta definitiva sobre a origem da vida a partir de matéria não viva. Como você mencionou, a tentativa de criar vida de maneira sintética ainda não conseguiu replicar as complexidades biológicas necessárias para a existência de um organismo funcional. Mesmo em casos como a criação de moléculas ou compostos pré-bióticos, a vida real, tal como a conhecemos, continua sendo um fenômeno único e misterioso.

Você também traz à tona a questão das leis que governam o universo e a matéria. Esses "regras" ou "leis" — como as forças nucleares, a gravidade e as leis da física — são, em certo sentido, as condições necessárias para que tudo funcione de maneira ordenada. Como você observa, essas leis existem independentemente da nossa compreensão delas, e, assim, a questão de *de onde vêm essas leis* é fundamental, pois elas são a base do funcionamento de todo o universo e da vida. A própria existência dessas leis aponta para algo além delas, algo que as estabelece ou as mantém.

No caso da criação da vida ou da busca científica para replicá-la, como você diz, a ciência trabalha com os materiais e as leis que já existem. Mesmo que eventualmente se consiga criar algo que simule a vida, como células sintéticas ou organismos simples, isso não contradiz a ideia de um Criador, pois o processo envolve usar os materiais e as leis que já estavam em operação — que, de certo modo, são um reflexo da ordem que alguém teria estabelecido. Esse ponto de vista sugere que, mesmo na busca científica pela vida, as leis e forças que tornam possível tal empreendimento apontam para um Criador que já as teria posto em funcionamento.

A ideia de que a vida é fundamentalmente energética, como você mencionou, também é uma observação interessante. A física nos ensina que tudo é energia, mas essa energia se manifesta de várias formas e sob diversas condições. As forças que mantêm a matéria coesa — como as forças nucleares ou a gravidade — são essenciais para que possamos perceber o que chamamos de matéria "sólida", mas, por trás disso, existe uma complexidade muito maior que vai além daquilo que somos capazes de ver ou compreender facilmente.

Seja na ciência, na filosofia ou na teologia, a busca pela compreensão da vida, da matéria e do cosmos continua a desafiar nossa compreensão. No entanto, como você conclui, o "como" é apenas uma parte da questão. O "por quê" está entrelaçado com nossas crenças mais profundas, que podem ir além do que a ciência pode responder diretamente.

Também me parece interessante que haja ordem no caos. Conseguir entender isso causou um certo esforço mental. Mas, depois de reler o livro *Caos* de Gleick, estou mais confortável com isso. Este livro foi talvez a primeira tentativa de apresentar para nós, pessoas comuns, uma introdução à história das teorias e ciências relativamente novas do caos. Quanto mais eu processava e refletia sobre as informações, mais as premissas básicas pareciam intuitivamente compreensíveis. Pelo que entendi, a ciência do caos basicamente trata de descobrir a ordem dentro do que de outra forma é considerado ou parece ser caos.

Isso é algo bem complicado e eu não pretendo entender toda a matemática ou física por trás dessa área da ciência. A ideia básica é que algo que parece caótico pode não ser caótico de forma alguma quando estudado usando outras ferramentas e metodologias. A parte importante disso para mim está nos estudos de eventos que produzem resultados que parecem caóticos em si mesmos. No entanto, tudo está relacionado, não apenas no momento do estudo, mas também ao longo do tempo. A ciência do caos indica que, quanto mais fatores você adiciona à fórmula e a acompanha ao longo do tempo, há uma ordem que não seria vista de outra forma.

Permita-me compartilhar isso do livro de Gleick: "O caos criou técnicas especiais de uso de computadores e tipos especiais de imagens gráficas, imagens que capturam uma estrutura fantástica e delicada subjacente à complexidade... Para alguns físicos, o caos é uma ciência do processo e não do estado, de tornar-se e não de ser... Não importa o meio, o comportamento obedece às mesmas leis recém-descobertas." (Gleick 1987, 4-5)

Observe a referência às leis. Minha visão é simplesmente que frequentemente percebemos o caos (ou aleatoriedade) porque não vemos o quadro maior. É como não ver a floresta por causa das árvores. E eu acho que isso se aplica a muitas coisas.

Também há muito mais no design do que aquilo que existe na matéria e nas leis da natureza. Existem nossas percepções das coisas compostas de matéria no nível físico. E, existem nossas percepções de coisas não materiais. Ao finalizar este capítulo sobre design, me aprofundo brevemente em algumas questões filosóficas e teológicas relacionadas que sustentam minha crença em Deus. Filosoficamente, estou falando sobre a área da fenomenologia, que trata das estruturas da experiência e da consciência, e do significado que as coisas têm em nossa experiência. Teologicamente, compartilho minha compreensão de como Deus é revelado no design da criação. Parece mais fácil para mim abordar isso sob essas duas perspectivas, mas elas são semelhantes e inter-relacionadas.

Quando vejo uma flor, eu vejo uma flor. Eu não vejo, porque não consigo, todos os sistemas complexos da flor ou as moléculas e átomos que a compõem. No entanto, em certo sentido, nesse nível, é apenas uma coleção de átomos. Porém, são átomos específicos de certos elementos, em certas quantidades e dispostos de certas maneiras para formar algo que chamamos de flor. Como diz o ditado, uma rosa, por outro nome, ainda seria uma rosa. E ainda assim, ela pode ser percebida como algo mais do que uma rosa. Se você dá uma rosa ou um buquê a alguém, pode ser percebido como um presente que representa o amor – ou, ao menos, você espera que seja. Pode ser percebido como algo belo. Assim, uma flor que é uma rosa pode ser muito mais.

Em um sentido, um poema é apenas letras, embora letras organizadas para formar palavras, palavras organizadas para formar sentenças e sentenças organizadas para dar sentido à coleção de sentenças. E o entendemos por meio de nossos sentidos e linguagem, com nossa consciência, emoção e inteligência. De maneira semelhante a uma pintura, que, em um sentido, é apenas átomos... etc. Mas percebemos uma pintura. Ela não apareceu aleatoriamente. Ela foi pintada. Assumimos que ela foi pintada por um pintor. Podemos ou não gostar da pintura, mas isso não importa. A pintura que percebemos foi criada com um design na mente de seu criador.

No livro *The Wonder of the World*, Varghese diz que vemos Deus em tudo. Meu entendimento do que ele quer dizer é que, se vemos a maravilha de e por trás de todas essas coisas, vemos Deus. Eu poderia dizer isso de forma um pouco diferente, como: em todas essas coisas, vemos a obra de Deus.

Schroeder, em *The Hidden Face of God*, adota a abordagem de que tudo é informação. Obviamente, qualquer lei ou regra consiste ou pelo menos contém informação. Por exemplo, quando o espermatozoide humano e o óvulo se encontram, eles têm todas as informações para criar tudo o que acaba sendo um ser humano. Informação não vem do nada. Inerentemente, ela tem que vir de algo que tem informação e capacidade de compartilhar, de qualquer forma, informação. Resumidamente, ele diz, no meu entendimento, que Deus é a fonte da informação, sendo a inteligência última e transcendente. Portanto, quando percebemos qualquer coisa, ela é tanto inteligente quanto o resultado de inteligência. Assim, quando vemos qualquer coisa que é um resultado de inteligência (informação), vemos Deus. Novamente, digo que vemos a obra de Deus, uma diferença sutil, mas talvez significativa.

C. S. Lewis fala das coisas na natureza e nossa experiência como indicadores ou placas de sinalização, como marcos de trilha. Em seu livro *Surprised by Joy*, ele descreve a experiência de alegria, que se tornou algo que ele desejava. No entanto, ele descobriu que o que realmente estava buscando era aquilo para o qual a alegria apontava – a fonte da alegria: Deus.

Eu assumo que todo mundo, em algum momento, teve a experiência de ser tomado pela admiração, de ser atingido pela beleza, inundado de maravilha, cheio de alegria. Uma definição de "glória" é a manifestação da presença de Deus, tal como percebida pelos humanos. Isso é expresso na Bíblia da seguinte forma: "Os céus proclamam a glória de Deus, o firmamento anuncia a obra de suas mãos. Um dia faz declarações ao outro, e uma noite a transmite à outra, sem palavras, sem fala, sem som que se ouça, mas por toda a terra a mensagem se espalha, e suas palavras alcançam os confins do mundo." (Salmos 19:1-4)

Para concluir este capítulo, digo que acredito que há evidências de design (ordem, regras/leis) na criação e na vida. O universo e a vida são muito complexos. As complexidades são organizadas por regras e leis que governam a natureza de tudo o que existe. A aleatoriedade não produz ordem, embora haja ordem na aleatoriedade. Parece-me que algo nunca vem do nada. Da mesma forma, regras ou leis não surgiram do nada. Sozinhas, as coisas basicamente se desintegram. Assim, acredito que há um designer, um criador de regras e leis, e algo (ou alguém) que mantém tudo unido, um sustentador, e eu acredito que esse é Deus.

CONSCIÊNCIA, INTELIGÊNCIA, LINGUAGEM E LIVRE ARBÍTRIO

Parece-me apropriado discutir esses tópicos juntos. Quero dizer, você precisa estar consciente e ter uma sensação de consciência para discutir a consciência, certo? Para discutir a consciência, é necessário ter algum tipo de inteligência, habilidade de pensar e compreender. Para ter uma discussão, você precisa se comunicar, e muito do que fazemos geralmente é por meio da linguagem. Admito que meus motivos para incluir o livre arbítrio aqui podem ser um pouco frágeis. No entanto, em algum nível, parece-me que não seria possível ter livre arbítrio sem ter consciência, inteligência ou a capacidade de analisar escolhas. Não obstante, alguns processos mentais podem ser experienciados, emocionais ou visuais.

Há uma pequena frase que vi em vários lugares que gostaria que você mantivesse em mente enquanto lê o restante deste capítulo. Ela segue assim: Um aluno pergunta ao professor: "Como sei que existo?" O professor responde: "Quem está perguntando?"

A linguagem é talvez o tópico mais fácil de discutir, mas vamos começar com a consciência. Todos que conheci parecem acreditar que possuem consciência, exceto de maneira diferente quando estão inconscientes. Como, por exemplo, em que estamos inconscientes enquanto dormimos. Ainda assim, não completamente e em graus diferentes em momentos diferentes. Dormir e sonhar são muito interessantes para mim. Se você já viajou bastante, provavelmente acordou em algum momento e por um segundo se perguntou onde estava. Independentemente disso, você sabe que ainda é você.

A consciência é um assunto complicado. Você precisa estar consciente para saber que está consciente — pelo menos em algum nível. Tem sido um objeto de interesse para cientistas e filósofos desde que ambos existiram. O que é a consciência, afinal? O dicionário diz: "O estado de estar acordado e ciente de seu entorno, a percepção ou consciência de algo por uma pessoa, o fato de estar ciente pela mente de si mesma e do mundo." Interessante que a definição introduza o conceito de mente. E como o dicionário define mente: "O elemento de uma pessoa que a capacita a estar ciente do mundo e de suas experiências, a pensar e a sentir; a faculdade de consciência e pensamento...". Bastante direto, não?

Cientificamente, especialmente na medicina, você está inconsciente se for nocauteado, anestesiado ou algo assim. Algumas questões de grau. Se você estiver apenas dormindo e alguém começar a cortar seu peito para realizar uma cirurgia cardíaca, apostaria que você logo se tornaria plenamente consciente. Se estiver anestesiado, você não estará ciente de todo o processo de corte e serragem acontecendo. Passei por isso. Mas você se torna bem ciente depois! E, ainda assim, você continua sendo a mesma pessoa com a mesma consciência.

Alguém poderia perguntar sobre amnésia, danos cerebrais e coisas como o Alzheimer. É triste ouvir alguém dizer que o cônjuge não está mais ali. São questões que afetam o funcionamento normal. Às vezes, uma pessoa pode não reconhecer você, mas contará histórias sobre sua vida. Por um momento, ela pode mostrar que sabe quem você é. Só porque você não consegue se lembrar de quem é não significa que você não seja a mesma pessoa. Em grande parte, essas são exceções à regra, anomalias. Interessante que a amnésia pode resultar de trauma psicológico. Isso deve envolver algum tipo de conexão entre a mente e o cérebro. Nessas circunstâncias, seja a pessoa capaz de comunicar ou não, acredito que ela existe com a mesma consciência. Um exemplo seria como alguém pode ficar em coma por muitos anos e depois despertar como a mesma pessoa de sempre.

Isso é basicamente tudo o que a ciência pode fazer com a consciência. Você está consciente, semi-consciente ou inconsciente. Não obstante, existem estados alterados de consciência e o estudo disso, como drogas alucinógenas, psicotrópicos, privação sensorial, meditação, etc. Seja como for, ainda é um estudo dos efeitos de algo sobre algo chamado consciência, e não um estudo direto da própria consciência.

Pelo que entendo, quando as pessoas falam sobre a mente, elas estão falando mais sobre as ações do cérebro. A consciência é mais pensada como algo relacionado, interdependente e interligado com o cérebro. Ao longo de milhares de anos, houve muitas tentativas filosóficas de abordar o que diabos compõe a consciência. São assuntos um tanto estranhos e enfadonhos, mas confira alguns itens na bibliografia para começar, se isso for do seu interesse. Historicamente, grande parte dos escritos nesta área fala sobre a alma. Diferentes maneiras de discutir o que é você quando diz "eu" ou se refere a si mesmo como "meu".

Eu acredito que tenho consciência. Existe um "eu" que é "eu". Mesmo que as células do meu corpo mudem muitas vezes, eu continuo sendo eu. Como isso acontece?

Aonde quero chegar com isso é simples — a matéria, por si só, não produz ou contém a consciência. Você pode discordar filosoficamente ou religiosamente sobre isso, mas eu não acredito que uma pedra saiba (seja consciente) que é uma pedra e contemple como isso acontece ou o que significa. Ou houve sempre matéria que evoluiu para a vida consciente, ou sempre houve um Deus de consciência suprema que criou tudo e impartiu a consciência.

Alguns dirão que, à medida que evoluímos, nossos cérebros acabaram criando nossa consciência. Ou algo assim. Ok, mas eu simplesmente não vejo dessa forma. Para mim, é algo que exige uma consciência além do tempo/espaço para ser impartido. Eu só estou expressando minha opinião, da maneira como vejo as coisas.

As pessoas buscam a imortalidade há muito tempo, por assim dizer. Como a fonte da juventude e coisas do tipo. Algumas pessoas que acreditam que nossa consciência e quem somos é um resultado de processos eletroquímicos pensam que talvez possamos digitalizar isso, e assim viver para sempre, de certa forma. Eu duvido disso. Mas, mesmo que fosse possível, isso não tem nada a ver com o fato de que foi Deus quem, em última instância, tornou isso possível. Eu não consigo imaginar que isso seja algo que me interesse pessoalmente. Além disso, pode-se "viver" mais, mas essa vida ainda chegará ao fim em algum momento e de alguma forma.

Passando para pensamentos sobre inteligência. Tendemos a pensar sobre quão inteligente você é; quanto você sabe, em geral. Ou, seu QI é 100 ou acima de 130? À medida que envelheci, acho que o meu caiu; no entanto, minha formação incluiu a administração dos testes de Weschler e Stanford-Binet. Achei isso bastante intrigante. Mas existe a inteligência, e existem o "street smarts" e o "common sense". E você sabe que não são a mesma coisa! Trabalhei com um cara que era membro da MENSA. Muitos anos atrás, ele cometeu o que provavelmente consideraríamos um crime cibernético financeiro significativo. Pelo que ele disse, ele se entregou basicamente achando que isso seria melhor para ele do que ser pego. Talvez tenha sido inteligente. Ele era muito inteligente, mas quão inteligente foi cometer o crime quando ele poderia ter feito muito dinheiro sem cometer o crime?

Vou voltar ao meu discurso sobre a pedra. De modo geral, eu digo que a pedra não pode falar. Em certo sentido, talvez a pedra tenha sua própria história. Isso faz parte do que você quer dizer. Minha herança nativo-americana me diz que todas as coisas são do Grande Espírito e Ele pode falar conosco através de qualquer uma de Suas criações. Isso está além da minha compreensão. De qualquer forma, se uma pedra tem alguma inteligência (e tenho certeza de que tem, no sentido de informação, como tudo), ela veio de fora da própria pedra.

Falando de uma pedra, ela pode falar conosco de diferentes maneiras. Em termos de linguagem, isso é na verdade uma coisa impressionante. Existem muitas formas de comunicação ou compartilhamento de informações que acontecem entre animais e plantas. No entanto, linguistas como Noam Chomsky disseram que a linguagem é inata nos seres humanos. Nossa comunicação por meio da linguagem humana é qualitativamente diferente. Isso costumava ser amplamente aceito entre linguistas e filósofos. No entanto, isso é outra coisa que depende em grande parte de como você a define.

As coisas "se comunicam". Árvores sendo comidas por girafas liberam um cheiro que alerta outras árvores para colocar em suas folhas algo que as girafas não gostam, a fim de se protegerem. Isso é comunicação, o compartilhamento de informações. Mas isso é linguagem? Elas não discutem sobre o tempo, como foi o seu dia ou qual é o significado da vida. Uma planta sente dor? Meus ancestrais nativos (e alguns outros) dizem que sim. Enfim, me desviei um pouco.

A linguagem pode não ser limitada aos seres humanos. Pode ser qualitativamente diferente para os seres humanos, mas também de maneira quantitativa. Pessoas surdas que usam a língua de sinais não eram consideradas como usando linguagem por muito tempo. Principalmente porque não envolvia falar. Desde então, foi aceito como linguagem. Bem, tem que ser uma linguagem para traduzir discursos políticos complicados ou apresentações científicas.

Os experimentos e pesquisas envolvendo a Língua de Sinais Americana (ASL) com chimpanzés podem indicar que os chimpanzés podem "falar" por meio da ASL. Seu aparelho vocal não permite fazer os sons humanos. Eu digo "podem" porque isso é debatido. O mesmo é verdade para crianças pequenas. Os chimpanzés podem evidentemente se comunicar com o vocabulário de uma criança de 2 a 3 anos. Como pai, eu pensava que estava me comunicando, mesmo em um nível infantil, com meus filhos de três anos.

Meu ponto é que a linguagem é algo único. Parece óbvio que está interligada à inteligência. Também parece que, exceto pela imagem visual, algum tipo de percepção extra-sensorial, ou algo do tipo, necessário para receber ou transmitir pensamentos ou ideias, etc., considero a linguagem algo que requer uma entidade externa que criou a linguagem ou ao menos a propensão para a linguagem.

E agora, para a que parece fácil, o livre-arbítrio. Digo que parece fácil porque todos que conheço agem como se tivessem livre-arbítrio; no entanto, alguns serão deterministas ou fatalistas em seus pensamentos. Para ser estritamente materialista, você provavelmente tem que acreditar que tudo sobre você foi ou está sendo determinado pelos seus genes, sua experiência e suas circunstâncias.

Eu digo que as pessoas agem como se tivessem livre-arbítrio por vários motivos. Se você compra um presente de aniversário para sua esposa, você gosta de pensar que escolheu fazer isso. E você gosta de pensar que sua esposa acredita que você fez isso porque escolheu. Eu sei, parece bobo. Você não acha que fez porque simplesmente teve que fazer e não quer que sua esposa pense que você só fez porque não tinha escolha. Talvez você tenha esquecido seu aniversário. Não é sua culpa. Foi predeterminado que você esqueceria. O cônjuge vai se sentir assim?

É claro, às vezes não temos escolha. Essa é a exceção, não a regra. Quando eu tinha treze anos, minha avó ficou conosco. Uma vez, quando só estávamos os dois em casa, ela ficava andando pela casa perguntando onde estava o bebê. Eu fiquei assustado, pois não havia nenhum bebê. Obviamente, ela tinha algum tipo de demência. A falha, os conexões sinápticas desfuncionais e coisas assim, criaram em sua mente que ela deveria encontrar o bebê. Por causa disso, ela escolheu procurar pelo bebê. Bem, se essa fosse a sua experiência, quem não procuraria o bebê? O meu ponto sobre isso é que isso não é determinismo fatalista. Ela fez uma escolha racional com as informações que tinha.

De maneira similar, mas diferente, está alguém que é inocente por causa de insanidade. Digamos que alguém mate outra pessoa porque acredita que Deus mandou fazer isso. Se realmente acreditarem nisso, a escolha de fazer isso não é completamente irracional. Para se aprofundar mais nesse tipo de coisa, seria necessário discutir ética médica e jurídica.

Essas coisas não são a norma. O processo de tomada de decisão do cérebro, íntimo da consciência, foi interferido. Isso é algo triste e considerado anômalo, por isso existe toda a pesquisa nessas áreas.

Enquanto escrevo isso e você lê, pode negar que somos conscientes? O ponto final para mim é que coisas materiais não são conscientes e não há evidências de que se tornem conscientes.

Em termos de livre-arbítrio, eu acredito que escolhi escrever isso. Acho que você escolheu ler isso. O conceito tem recebido muita atenção na filosofia e na teologia. Ainda não há um acordo completo sobre os fundamentos em ambas ou entre ambos os campos de pensamento.

MORALIDADE E EMOÇÕES

Quando eu era menino, meu pai costumava dizer, com um sorriso, "Você é um bom menino. Só não sabe para o que você é bom." Como pai, eu tinha a minha ideia de quando meus filhos estavam sendo bons. Isso implica que eu também tinha a minha ideia de quando eles estavam sendo maus. O assunto aqui se relaciona com o conceito de bom e mau, ou certo e errado — não o que é certo ou errado. E também as emoções relacionadas a se sentir bem ou mal, ou feliz ou triste.

Embora uma cultura ou um indivíduo possa ter ideias diferentes sobre o que é certo e errado, todos têm algum conceito de certo e errado. O conceito de certo ou errado de uma cultura pode estar certo ou errado, mas há o conceito. Pode existir uma cultura onde uma criança seja sacrificada a um deus. Isso pode ser considerado a coisa certa a se fazer. Alguns diriam que isso prova que tudo é moralmente relativo. Eu diria que os costumes dessa cultura estão errados. É tão possível que uma cultura esteja errada quanto qualquer pessoa estar errada. Certo?

Este é um campo de estudo, como todos os campos do pensamento, que tem sido profundamente explorado e escrito ao longo dos séculos. Eu compartilho apenas meus pensamentos com base no melhor do meu entendimento e como isso se relaciona com o motivo pelo qual sou teísta.

A consideração básica aqui tem a ver com como as pessoas têm algum sentido de certo e errado. Como isso acontece? Mesmo que a consciência seja apenas resultado do funcionamento bioelétrico físico, isso não implicaria que o conceito de moralidade fosse um resultado desse mesmo funcionamento ou uma criação da consciência. A moralidade não é um componente ou produto necessário da consciência. Como discutido anteriormente, existem ideias divergentes sobre o que a consciência é. E, como sabemos, não pode ser estudada diretamente. Não se trata de o que é certo ou errado, trata-se de como o conceito de certo e errado existe.

Eu não acredito que a consciência tenha vindo da matéria inata. Da mesma forma, não acredito que o conceito universal de moralidade tenha vindo da matéria inata. Uma pedra não está viva. Uma pedra não é consciente. Uma pedra não tem senso de moralidade. A minha opinião é que uma pedra, por si só, nunca vai se tornar viva, consciente ou ter qualquer senso de moralidade.

Considere uma linha reta e uma linha torta. Se você tivesse visto apenas linhas retas, não teria o conceito de linha torta. Mas quando você vê uma linha torta, sabe que ela não é uma linha reta. Tecnicamente, pode não haver uma linha reta verdadeira em nossa existência. Pode ser uma construção hipotética que serve para fins da física e coisas assim. Estou usando isso como uma analogia, como outros já fizeram. Não há razão material para que tenhamos o conceito de certo e errado. As coisas simplesmente são. No entanto, temos o conceito de certo e errado.

A minha opinião é que qualquer conceito de moralidade não evoluiu da matéria. Portanto, veio de uma entidade moral autônoma. Eu sei, você pode discordar. Só estou dizendo isso da maneira como vejo as coisas.

As emoções são diferentes, mas estão relacionadas à moralidade. A menos que abordemos as emoções de um ponto de vista filosófico, basicamente não temos um conceito de emoções; nós as experimentamos. Experimentamos amor, ódio, felicidade e tristeza. A mesma pergunta feita sobre a moralidade se aplica às emoções. Como é que as emoções existem?

Quando falamos sobre emoções, assumo que temos uma ideia semelhante sobre o que é isso. Por outro lado, não costumamos pensar muito sobre o que é, afinal, uma emoção. Meu dicionário descreve emoção da seguinte maneira: *um estado natural e instintivo da mente derivado das circunstâncias, do humor ou dos relacionamentos com os outros; qualquer um dos sentimentos particulares que caracterizam esse estado mental, como alegria, raiva, amor, ódio, horror, etc.; sentimento instintivo ou intuitivo, distinto do raciocínio ou conhecimento.* De alguma forma, sabemos o que é, mas não é tão fácil de descrever.

As emoções são muito interessantes. Por uma razão, elas são pessoais. Você e eu poderíamos olhar pela mesma janela e ver a mesma chuva caindo. Você pode se sentir feliz por isso. Eu posso me sentir triste e desapontado. Então, obviamente, não é a chuva que causa uma reação emocional particular.

As emoções são interessantes por serem algo que experimentamos de maneira vicária. Você assiste a um filme. Alguém é severamente desprezado por alguém que ama. Você sabe aquele sentimento. Você sente tristeza por ela. É apenas um filme. Não é real. No entanto, seu sentimento é real e você pode até chorar lágrimas reais.

Já viu um cara assistindo a um jogo de beisebol, onde um jogador pega a bola nos testículos? O cara assistindo age como se estivesse com dor. Nada aconteceu com ele. Ele está empatizando com o cara que claramente está com dor.

Além disso, você provavelmente já experimentou uma emoção como se fosse uma dor física. Se seu filho se machucar, você dói junto com ele. Se você perdeu um filho, você sente dor. Eu simpatizo. O meu tinha 21 anos, mas ainda era meu filho. Eu senti dor. Ninguém vai te dizer que isso não é real.

Eu não acredito que a consciência seja um epifenômeno surgido da matéria. Quero dizer, apenas da matéria, sem nenhuma orientação externa. Eu não acredito que qualquer conceito de moralidade ou emoções tenha vindo da matéria sem alguma influência externa. Eu não acho que uma pedra seja consciente e, portanto, ela não contempla por que é uma pedra. Uma pedra não tem senso de certo e errado e não sente bem ou mal por nada. Pelo menos, até onde sei.

Nesse sentido, me parece que uma entidade externa, autônoma, inteligente e consciente é necessária para que as coisas não materiais e metafísicas, como a consciência, a inteligência, o conceito de moralidade e as emoções, existam. Eu acredito que essa entidade seja Deus.

Há um princípio na filosofia que afirma que, para construir uma coisa, você precisa dos materiais adequados. Simplificando, isso é o mesmo que dizer que você precisa de madeira para construir uma cabana de troncos e não pode construir uma cabana de troncos com tijolos. Alguns aplicam isso às coisas metafísicas mencionadas acima. Por exemplo, você não pode construir uma emoção a partir de uma pedra. Isso é quase uma definição; você não pode construir algo metafísico a partir do físico. Deus, por definição, é imaterial. Ele é espírito. Assim, Ele é a fonte dessas coisas metafísicas dentro do universo físico.

ARGUMENTOS CONTRA DEUS

Este também pode ser um tema complicado e conturbado. Eu sou um homem simples e me parece que a maioria dos argumentos contra Deus são basicamente o antônimo dos argumentos a favor de Deus. Em certo sentido, como a existência de Deus não pode ser provada nem refutada, você acredita de um jeito ou de outro com base em sua compreensão das evidências (científicas, filosóficas, históricas e experienciadas). Independentemente disso, você acredita de uma forma ou de outra. Sua escolha é, em última instância, em grande parte uma questão de fé – você escolhe, por quaisquer razões, acreditar em uma coisa ou outra. Meu objetivo ao escrever isso é compartilhar o porquê de eu acreditar e afirmar que faz (pelo menos) tanto sentido (cientificamente, filosoficamente, historicamente e experiencialmente) ser um teísta quanto ser um ateu.

Para fins de discussão, divido os argumentos contra Deus como sendo científicos, filosóficos e pessoais.

Os argumentos científicos são, principalmente, os de que Deus não é necessário porque: 1) ou a matéria sempre existiu ou vem do nada; 2) a evolução não requer Deus para o que existe, para a vida ou a humanidade; e 3) não há evidências científicas de Deus. As objeções filosóficas e pessoais à crença em Deus parecem resumir-se a: 1) a crença em Deus ou em qualquer coisa "sobrenatural" é prejudicial à humanidade, é delirante ou um problema psiquiátrico, como se a religião arruinasse tudo e fosse, portanto, "má" (aparentemente, um problema que a evolução ainda não resolveu?); ou 2) como pode existir um Deus diante de tanto sofrimento e dor -- sem falar na questão do porquê ou como isso aconteceu comigo?

Já comentei sobre as questões relativas à matéria ou à matéria do nada. Escritores cristãos atuais diferem em detalhes sobre a evolução. Pode parecer simplista, mas acredito que Deus criou tudo o que existe, inclusive a nós. E, não sendo muito inteligente, isso não me importa se Ele iniciou um processo que se cumpriu ou interagiu ativamente no processo. Fenomenologicamente, eu percebo (estou conscientemente ciente) de estar aqui, de ser eu, e, embora às vezes eu aja de maneira tão burra quanto uma pedra, não acho que eu seja uma pedra. Talvez você possa se identificar com isso de alguma forma.

Esta próxima parte precisa ser um pouco filosófica e teológica. Não sou um bom estudante de história. Sou o suficiente para reconhecer que coisas atrozes foram e são feitas em nome de alguma religião. Mas meu pouco conhecimento também me diz que muita coisa boa foi feita em nome de alguma religião. As pessoas podem fazer o bem e o mal. Se você for como eu, imagino que tenha feito os dois.

Acredito que os seguintes pensamentos se encaixam aqui. Considere o seguinte filosoficamente e logicamente: se é necessário um ser ou entidade – para a vida, a consciência, a emoção, a inteligência, etc. – não é necessário que ele atenda às nossas ideias do que ele deveria ser. Deus é quem Ele é. Primeiro, quem somos nós para questioná-Lo? Depois, há a questão do livre-arbítrio. De onde vem o que chamamos de mal?

Quanto à primeira questão, alguns dizem que não podem acreditar em um Deus que permite tanto sofrimento e dor. A primeira pergunta é se há ou não um Deus. Não se é Deus é o que você quer que Deus seja. Se há um Deus, então você pode buscar conhecer quem esse Deus é. Se há ou não um Deus, ou a necessidade de uma entidade autônoma, externa, inteligente e consciente, está no campo da filosofia científica e lógica. A natureza de um Deus que existe está principalmente no campo da teologia.

A teologia cristã tradicional reconheceria que Deus permite a dor e o sofrimento. Mas Deus não os criou. Eles são o resultado do pecado. É semelhante a você permitir que seu filho ande de bicicleta. Seu filho cai e se machuca. Isso é culpa sua? Se você aplicar esse tipo de raciocínio a Deus, então sim, é sua culpa. Pelo que sei, todas as ideologias religiosas contêm a esperança ou promessa de uma vida ou ser livre de dor e sofrimento. Talvez você se torne Deus, alcance o Nirvana ou se torne parte da consciência cósmica.

Imagine comigo por um momento. Se você fosse capaz de criar uma forma de vida que desejasse que o amasse, você criaria um robô que não tivesse escolha a não ser fazer aquilo para o qual foi programado? Se você tem filhos, você os ama e quer que eles o amem. Você também não quer que eles sofram nenhum mal. Você gostaria, portanto, que eles fossem como o "menino bolha"? Acho que não. Você faz o seu melhor e deseja o melhor para eles. Você os ensina, os observa conforme pode, e espera o melhor. Mas se eles estão apenas respondendo de maneiras que adequam o amor, onde não há escolha, isso não pode ser satisfatório para você. Às vezes você diz algo ao seu filho que sabe que ele ou ela não vai gostar. Você pensa que é do melhor interesse deles. Você espera que seu filho siga seu conselho e não o odeie. Ainda assim, você não sabe. Seu filho não sabe que você está tentando o seu melhor para orientá-lo. Se você liberar seu filho para andar de bicicleta e ele quebrar o braço, isso é culpa sua? Se você bate o dedo do pé e tropeça e quebra uma costela, isso é culpa de Deus? Você entendeu o que eu quero dizer?

Isso pode ser um pouco redundante, mas é um ponto importante para mim. O resumo é: se existe um criador, existe um criador. Se você não gosta de algo ou tudo sobre esse criador – azar o seu. Você pode escolher não acreditar ou ignorar esse criador, mas isso não tem nada a ver com se ele existe ou não. Se você é um pintor e pinta um quadro, você é o pintor que desenhou o quadro. O quadro não pode dizer que não gosta de como se parece ou do pintor. Mas, como fomos dotados de alguma inteligência e livre-arbítrio, podemos fazer algumas dessas perguntas. Tudo bem perguntar, mas, no final, é pior do que lutar com moinhos de vento.

Alguns dizem que nós, humanos, somos tão imperfeitos que não poderíamos ser seres criados por Deus. Alguns usaram nossos olhos como exemplo. Disseram que o olho está cheio de falhas funcionais de design. Outros veem nossos olhos como partes incrivelmente funcionais de nossos corpos. Alguns disseram que Deus não é tão inteligente a ponto de colocar as funções excretoras tão perto das partes reprodutivas. Nós somos o que somos. Com licença por isso, mas dado quem somos, onde você colocaria seu ânus? Na planta do seu pé, para que você andasse pisando na sua bunda? Ou na sua barriga? Isso poderia tornar os abraços um pouco bagunçados, não?

Eu conheço um homem cego. Ele é inteligente e crente. Ele canta no coro. Como ele é solteiro, alguém lhe perguntou sobre namorar ou se havia garotas em sua vida. Ele respondeu que já namorou. A pessoa perguntou sobre o que ele faria se a garota fosse feia. Nunca esquecerei sua resposta. Ele disse: "O que é feio?" Que profundo. Enquanto vemos, podemos ser cegos para a beleza. Enquanto sabemos algo, podemos ser ignorantes da verdade.

Tenho que acrescentar aqui que essas coisas são mais fáceis para mim de lidar a partir de uma perspectiva cristã. Da perspectiva teológica cristã, existem anjos criados por Deus. Eles tinham livre-arbítrio e alguns decidiram que gostariam de ser como Deus, livres de Deus, fazer suas próprias coisas. O líder do grupo nós chamamos de Satanás, o diabo. Seus seguidores nós chamamos de demônios. Porque eles se rebelaram contra Deus, eles gostam de nós, humanos, nos rebelarmos contra Deus. Eles nos influenciam a fazer coisas ímpias que causam problemas para nós, e então culpamos a Deus.

NÃO-TEÍSTAS SE TORNANDO TEÍSTAS E VICE-VERSA

Alguns ateus e agnósticos mudam suas crenças e abraçam a crença na existência de algo que é responsável por estarmos aqui; algo que poderia ser chamado de deus. Da mesma forma, alguns teístas perdem a fé em Deus. Com relação às minhas razões para acreditar, estou mais interessado no primeiro caso. Embora as razões para as pessoas perderem a fé também sejam interessantes. A seguir, compartilho alguns exemplos de pessoas que rejeitaram seu ateísmo ou agnosticismo. Depois menciono alguns exemplos de cristãos que, como dizem, "desconverteram-se". Também compartilho algumas informações pessoais.

Primeiro, algumas pessoas que se converteram ao teísmo. Nem todos os convertidos ao teísmo se convertem também ao cristianismo. Dentro do cristianismo, um convertido ao cristianismo é frequentemente chamado de salvo. Cada pessoa tem suas próprias razões e experiências de conversão. Contar a conversão pessoal é referido como compartilhar o próprio testemunho. O testemunho de cada pessoa é de alguma forma único para aquela pessoa e tão importante quanto qualquer outro. Os que menciono foram selecionados por serem pessoas bem conhecidas ou por terem credenciais filosóficas ou científicas. Faço isso porque parece comum que muitos agnósticos/ateus tomem como certo que a crença em Deus é inferior a qualquer pessoa com senso ou inteligência.

C. S. Lewis

Você pode conhecer C. S. Lewis como o autor de As Crônicas de Nárnia ou sua trilogia de ficção científica, Além do Planeta Silencioso, Perelandra e A Força do Mal. Ele foi Fellow e Tutor de Literatura Inglesa na Universidade de Oxford e exerceu o cargo de Presidente de Literatura Medieval e Renascentista na Universidade de Cambridge. Ele rejeitou o cristianismo ainda na adolescência e viveu como ateu durante sua juventude. Durante esse período, ele se considerava principalmente um materialista, embora também tivesse grande interesse pelo ocultismo. Em seu livro, *Surpreendido pela Alegria, ele escreve*: "Vários anos antes de ler Lucrécio, senti a força de seu argumento (e certamente é o mais forte de todos) para o ateísmo — 'Se Deus tivesse projetado o mundo, ele não seria um mundo tão frágil e falho como vemos.' Você pode perguntar como eu combinei esse pensamento ateísta direto, esse grande 'Argumento da Falta de Desenho' com minhas fantasias ocultistas. Não acho que tenha alcançado qualquer conexão lógica entre eles. Eles me influenciaram em humores diferentes e tinham apenas isso em comum: ambos eram contra o cristianismo. E assim, pouco a pouco, com flutuações que agora não consigo rastrear, eu me tornei um apóstata, deixando minha fé sem nenhum senso de perda, mas com o maior alívio." (Lewis 1955, 78-79)

C. S. Lewis se converteu ao teísmo quando tinha 32 anos. Um ou dois anos depois, parcialmente encorajado à abertura por dois amigos cristãos, sendo um deles J. R. R. Tolkien, ele se converteu ao cristianismo. Ele escreveu mais de trinta livros, muitos abordando questões de fé e filosofia cristã.

Hugh Ross, Ph.D.

O Dr. Ross fez seus estudos de graduação em física na Universidade de British Columbia, recebeu seu grau de pós-graduação em astronomia na Universidade de Toronto e fez pesquisa pós-doutoral no Instituto de Tecnologia da Califórnia. Escrevendo sobre sua jornada de fé, ele disse: "Descobertas em astronomia me alertaram para a existência de Deus, e até hoje, as profundezas insondáveis da Bíblia, seu poder preditivo e a notável aplicabilidade à vida são motivos principais para a minha fé." [de My *Story: Dr. Hugh Ross, em www.cru.org*]

Lee Strobel

Lee recebeu seu Mestrado em Direito pela Universidade de Yale. Ele foi jornalista e editor jurídico no *Chicago Tribune*. Seu livro, *The Case for Christ*, é principalmente sobre sua conversão. O seguinte é seu próprio depoimento, retirado de washred.com, intitulado *Lee Strobel's Testimony: An Atheist Investigates Christianity*. "Por grande parte da minha vida, fui ateu. Eu achava a ideia de um criador todo-amoroso e todo-poderoso do universo... eu achava que era estúpido. Quero dizer, meu background é jornalismo e direito. Eu sou uma pessoa cética. Eu fui editor jurídico do *Chicago Tribune*. Então, eu precisava de evidências antes de acreditar em qualquer coisa." Além disso, ele escreveu o seguinte:

"Um dia, minha esposa se aproximou de mim – ela era agnóstica – e disse que, após um período de investigação espiritual, ela havia decidido se tornar seguidora de Jesus Cristo. E eu pensei: 'isso é a pior notícia que eu poderia receber.' Eu pensei que ela ia se transformar em uma puritana sexualmente reprimida que passaria todo o seu tempo servindo os pobres em alguma rua suja por aí. Eu achei que isso seria o fim do nosso casamento.

Mas nos meses seguintes, eu vi mudanças positivas nela, em seus valores, em seu caráter, na maneira como ela se relacionava comigo e com as crianças. Foi encantador; e era atraente; e me fez querer investigar as coisas. Então, um dia, fui à igreja, ah, principalmente para ver se eu conseguia tirá-la dessa seita em que ela havia se envolvido."

Mas eu ouvi pela primeira vez a mensagem de Jesus articulada de uma maneira que eu pude entender. Que o perdão é um presente gratuito, e que Jesus Cristo morreu pelos nossos pecados, para que pudéssemos passar a eternidade com Ele. E eu saí dizendo - ainda era ateu - mas também dizendo: 'Se isso for verdade, isso tem enormes implicações para minha vida.' Então, eu usei meu treinamento em jornalismo e direito para começar uma investigação sobre se havia alguma credibilidade no cristianismo ou em qualquer outro sistema de fé mundial, para esse matter.

Eu fiz isso por um ano e nove meses até 8 de novembro de 1991, e nesse dia percebi que, à luz da torrente de evidências apontando para a verdade do cristianismo, seria necessário mais fé para eu manter meu ateísmo do que para me tornar cristão. Porque para ser ateu eu teria que nadar contra a correnteza dessa torrente de evidências apontando para a verdade de Jesus Cristo. E eu não podia fazer isso. Fui treinado em jornalismo e direito para responder à verdade. E então, nesse dia, recebi Jesus Cristo como meu perdoador e como meu líder."

Josh McDowell

Josh era agnóstico e considerava o cristianismo sem valor. Depois de estudar as evidências, ele se converteu ao cristianismo. Ele escreveu Evidence that Demands a Verdict: *Life Changing Truth for a Skeptical World.*

Francis Collins

O Dr. Collins foi ateu por grande parte de sua vida. Ele tem um B.S. em Química pela Universidade da Virgínia, Ph.D. em Química Física por Yale e M.D. pela Universidade da Carolina do Norte em Chapel Hill. Ele foi diretor do National Human Genome Research Institute e do National Institutes of Health. Ele é autor de *The Language of God: A Scientist Presents Evidence for Belief.*

William J. Murry

Bill é filho da ativista ateísta Madalyn Murray O'Hair. Ele foi listado como um dos demandantes em sua ação, que se tornou *Abington School District v. Schempp,* para remover a leitura obrigatória da Bíblia nas escolas. Ele se tornou cristão aos 34 anos. Depois disso, sua mãe disse: "Pode-se chamar isso de aborto pós-natal por parte de uma mãe, eu acho; eu o repudio totalmente e completamente, para agora e para sempre. Ele está além do perdão humano." Ele escreveu *My Life Without God* (Harvest House Publishers, 1982.) [de Wikipedia, citação atribuída a: Dracos, Ted (2003), UnGodly: *The Passions, Torments, and Murder of Atheist Madalyn Murray O'Hair*, Free Press, p.138]

Allan Sandage

O Dr. Sandage foi um astrônomo proeminente do século 20. Ele recebeu seu diploma de graduação na Universidade de Illinois e seu Ph.D. no Instituto de Tecnologia da Califórnia. Ele se tornou cristão aos 57 anos. Ele disse: "Eu não poderia viver uma vida cheia de cinismo. Eu escolhi acreditar, e uma paz de espírito tomou conta de mim." [Wikipedia]

Antony Flew

Flew foi ateu por grande parte de sua vida e foi um defensor do ateísmo. Um de seus livros mais influentes foi *The Presumption of Atheism* (1976). Como resultado de seguir as evidências, ele se tornou teísta (deísta) em 2004. Ele explica sua mudança de posição em seu livro *There is a God: How the world's most notorious atheist changed his mind.*

Mortimer J. Adler

Alguns de vocês podem conhecê-lo como o autor de *How to Read a Book*. Ele foi um autor prolífico. Eu gostei de seu *Aristotle for Everybody*, mas admito que estava longe de ser uma leitura fácil para este "todo mundo". Antes de aceitar o cristianismo, ele disse que havia "obstáculos morais, não intelectuais, para sua conversão." Após sua conversão, ele afirmou: "Minha principal razão para escolher o cristianismo foi porque os mistérios eram incompreensíveis. Qual é o ponto da revelação se pudermos descobrir por nós mesmos? Se fosse totalmente compreensível, seria apenas mais uma filosofia." [de biographybase.com]

Mark Farner

Tenho que mencionar Mark, sendo um antigo fã do Grand Funk Railroad. Mark foi um daqueles que se afastou da fé de sua juventude por muitos anos. Mais tarde, ele retornou à fé. Eu o ouvi contar, durante um show em 2017, como ele morreu e viu o céu. [MarkFarner.com e Mark no Sangamon State Auditorium, 11/02/2017]. Sua história é contada no livro From Grand Funk to Grace: *The authorized biography of Mark Farner*, de Kristofer Englehardt.

Agora, gostaria de compartilhar alguns exemplos de teístas cristãos que se desconverteram para o ateísmo ou agnosticismo. Me parece que, de muitas formas, as razões para não-teístas se tornarem teístas são as mesmas de teístas se tornando não-teístas, mas de forma invertida. Para alguns, é uma busca pela verdade. Para outros, é por algo na vida deles ou algo que eles gostem ou não gostem. Os seguintes exemplos são retirados de allernet.com.

Teresa MacBain

Teresa foi ministra por muitos anos. Ela declarou: "Eu não queria perder minha fé. Eu não queria mudar ou parar de acreditar, mas eu queria a verdade mais."

Jerry DeWitt

Jerry nasceu em 1969 e foi pastor de duas igrejas evangélicas. Ele se desconvertou em 2011. Ele escreveu *Hope After Faith*. Ele afirmou: "O ceticismo é minha natureza. O pensamento livre é minha metodologia. O agnosticismo é minha conclusão. O humanitarismo é minha motivação."

Anthony Pinn, Ph.D.

O Dr. Pinn começou a pregar aos doze anos. Ele obteve seu Ph.D. em estudos religiosos na Harvard. Sobre suas crenças atuais, ele declarou: "Eu acho que os afro-americanos estão em uma situação pior por causa de sua lealdade ao teísmo. A crença em Deus e em deuses não tem sido particularmente útil ou produtiva para eles. Isso diminuiu sua capacidade de recorrer à própria criatividade e engenhosidade, e na maioria dos casos resultou em uma espécie de compreensão bizarra do sofrimento como um sinal de proximidade com Deus e um sinal de favor divino. Nada de bom pode vir disso."

Dan Burke

Dan foi pregador e músico cristão. Em 1984, ele anunciou que era ateu. Ele disse: "Quão feliz você pode ser quando pensa que cada ação e pensamento está sendo monitorado por um fantasma julgador?"

Frank Schaeffer

Frank é filho de Francis Schaeffer, um autor cristão conhecido. Frank foi ativo como palestrante e cineasta nos círculos evangélicos no início de sua vida. Eu o menciono por causa da singularidade de sua crença professada, que é apresentada em seu livro *Why I am an Atheist Who Believes in God*. Ele era um teísta cristão. Agora, ele não é cristão, mas ateu e teísta. Em suas próprias palavras: "Hoje em dia, mantenho duas ideias sobre Deus simultaneamente; ele, ela ou isso existe e ele, ela ou isso não existe. Eu não oscilo entre esses opostos; eu os abraço." (Schaeffer 2014, 13) Não consigo fazer sentido disso. Teísta e ateu são antitéticos. Me parece que dizer que alguém é ambos é um oxímoro. Frank está satisfeito em chamar isso de paradoxo. Eu suponho que é apenas por causa de sua compreensão desse paradoxo que ele pode fazer afirmações como a seguinte.

"Talvez precisemos de uma nova categoria além de teísmo, ateísmo ou agnosticismo que leve em conta o paradoxo e o desconhecimento. Eu acredito que a vida evoluiu por seleção natural. Acredito que a psicologia evolucionista explica o altruísmo e refuta o amor, e que a química cerebral mina a minha ilusão de livre-arbítrio e de personalidade. Também acredito que a realidade espiritual que paira sobre, dentro e através de mim me chama a amar, confiar e ouvir a voz do meu Criador." (Schaeffer 2014, 15)

"Meu cérebro não evoluiu o suficiente para reconciliar a colisão do meu imperativo genético com a experiência transcendental. Meu cérebro reconhece, mas não consegue explicar como o amor e a beleza se cruzam com o principal objetivo da evolução: sobreviver. Também não consigo reconciliar essas ideias: 'Eu sei que a única coisa que existe é este universo material.' E 'Eu sei que meu Redentor vive.'" (Schaeffer 2014, 7)

"Os cientistas encontraram evidências diretas da expansão do universo, um evento previamente teórico que ocorreu uma fração de segundo após o Big Bang, quase 14 bilhões de anos atrás. A pista está codificada na radiação cósmica de fundo primordial que continua a se espalhar. Minha esperança é que um trilionésimo de segundo antes do Big Bang, a energia que anima o mistério da matéria sendo criada do nada tenha sido o amor." (Schaeffer 2014, 139)

Bem, parece que Frank passou de teísta cristão para se considerar um ateu e teísta ao mesmo tempo. Então, qual seria a resposta à pergunta no título do livro de seu pai, *Como Devemos Viver?*

Eu Eu fui cristão que se tornou um teísta fraco; basicamente, afastei-me da minha fé cristã. Isso ocorreu após três anos de faculdade bíblica e anos servindo em minha igreja como patrocinador do grupo de jovens e diácono. Sempre há razões pelas quais um cristão tem dúvidas ou luta com sua fé. Entender as minhas foi parte do meu retorno à fé. Eu tinha uma ideia de que, se eu tivesse vivido de uma certa maneira, Deus abençoaria uma parte da minha vida. Essa parte da minha vida desmoronou. Eu culpava Deus. Me afastei da minha fé. Passei a me considerar um deísta agnóstico quasi. Algo como, "provavelmente existe um Deus, mas nós não temos muito a ver um com o outro." Então, meu filho de vinte e um anos faleceu. Isso não afetou onde eu estava em termos de fé. Mas a pessoa que me orientou na fé originalmente apareceu no funeral. Não tínhamos nos falado por anos. Fiquei feliz em vê-lo. Comecei uma reflexão profunda e percebi que minha decepção com Deus e minha raiva dele estavam baseadas nas minhas expectativas falhas. E então eu estava namorando minha esposa, que me convidou para ir à igreja com ela. No final das contas, minha fé foi restaurada.

Você sabe que eu acredito no livre-arbítrio. Com nossa mente e consciência, somos capazes de tomar decisões. Nossas escolhas são baseadas em informações, com o processamento dessas informações, experiências e emoções. Em qualquer momento, uma escolha pode ser mais fortemente influenciada por qualquer um desses fatores.

Alguns dirão que a única razão de você acreditar nisso ou naquilo é por causa das circunstâncias de sua criação — o país em que você nasceu, a família na qual você nasceu e as crenças dessa família e sua cultura psicossocial. Eu acredito que há muito de verdade nisso, mas as pessoas mudam com informação e experiência, como mostrado nos exemplos acima.

Fora de alguns anos de faculdade bíblica, meu histórico educacional é em psicologia, principalmente psicologia social. Lembro-me dos estudos sobre como as pessoas comuns mudam em diferentes situações, como apresentado em *The Social Animal*. Posso atestar o poder do ambiente social, da pressão dos pares e do comportamento de adesão a grupos. Por razões que eu pouparei para você, estive em uma instalação de tratamento residencial por trinta dias. Sei que as forças psicossociais, incluindo a pressão dos pares, para se conformar podem ser tremendas. Como também são certos métodos de "lavagem cerebral". No entanto, por mais verdadeiros que sejam, tais verdades não abrangem totalmente o conceito de escolha.

Por anos, lutei com o conceito de como você seria diferente se tivesse crescido de maneira diferente. Agora acho que, como afirmado, isso seria verdade, mas é um evento impossível. Se "eu" tivesse nascido de pais diferentes, em um país diferente, isso não seria eu. Eu não sou um eu que poderia ter nascido de pais aqui ou ali. Alguns de vocês podem pensar que eram uma alma esperando para nascer ou reencarnar, mas eu não acredito que eu fui.

Independentemente disso, é uma escolha. Talvez não seja tanto uma escolha quando somos mais jovens. Em algum momento, percebemos que é uma escolha. Vemos que as pessoas escolhem ser ateias ou teístas e que elas podem escolher mudar sua escolha. Meu ponto é que, para mim, minha escolha de acreditar em Deus é pelo menos tão razoável quanto escolher não acreditar em Deus.

A TEOLOGIA SUPORTA MINHA CRENÇA

Originalmente, eu ia escrever o que está contido no seguinte sobre como o testemunho bíblico apoia minha crença. Mas percebo que talvez você não se relacione com a Bíblia da mesma forma que eu. A Bíblia não é necessária para eu ser teísta. Nem a teologia cristã. Mas ambas, no meu entendimento, apoiam minha crença em Deus.

O que é, afinal, teologia? Ela é descrita como "o estudo da natureza de Deus e da crença religiosa, crenças religiosas quando sistematicamente desenvolvidas." Na realidade, não podemos estudar a natureza de Deus. Estudamos o que filósofos e teólogos escreveram sobre a natureza de Deus. É em grande parte um estudo de estudos, com talvez uma nova abordagem sobre este ou aquele aspecto, ou como algumas coisas se combinam ou não. Eu posso estar errado, mas não acho que existam muitas (ou nenhuma) aulas como *Teologia 101* em faculdades. Poderia haver uma aula de Introdução à Teologia. Tal curso nos apresentaria aos pensamentos sobre Deus ou um ser supremo, através de filósofos clássicos, literatura judaica/hebraica antiga, a Bíblia, Buda, Maomé, filosofias orientais, etc. Isso poderia ser algo como uma aula de religiões comparadas.

Independentemente da ênfase, os estudos são baseados em escritos e nos escritos sobre esses escritos. A teologia cristã se baseia na Bíblia, nos primeiros escritos judaicos/hebraicos, nos escritos dos teólogos cristãos antigos e contemporâneos, entre outros. De maneira semelhante, outras religiões extraem sua teologia dos escritos de pessoas que reverenciam, incluindo profetas e líderes religiosos.

A teologia cristã, que é principalmente baseada nas informações contidas na Bíblia, tem algumas suposições implícitas. Se há um Deus que nos criou, é sensato que Ele se revele a nós. A Bíblia é tanto um registro dessa revelação quanto uma revelação em si mesma.

Vou dizer algumas coisas a esse respeito e continuar. Existem muitos livros acadêmicos e demasiados livros populares que discutem a historicidade da Bíblia, a crítica literária, a inerrância, a infalibilidade, etc., relacionados à Bíblia. Tento resumir os principais aspectos dessas questões que acrescentam razões pelas quais acredito.

A Bíblia não é um livro de história. Pelo que posso perceber, quanto mais se sabe, a partir de escritos contemporâneos e da arqueologia, mais a Bíblia se mostra historicamente precisa. A Bíblia não é um texto científico. Mas, quanto mais se sabe, ela se torna mais consistente com a ciência conhecida.

A principal coisa com a qual a Bíblia e a teologia cristã me ajudam tem a ver com o conceito de pecado e seu efeito em tudo. Talvez você não acredite no pecado. Deixe-me dizer o seguinte e pensar sobre isso filosoficamente.

Isso é baseado em algumas suposições. Talvez você não aceite, mas eu aceito as suposições, então o resto faz sentido lógico para mim. Uma suposição é que há pecado e, no nível mais simples, o pecado é agir de maneira diferente daquilo que Deus deseja. Ou, tentar ser como Deus pensando que você é a fonte de sua moralidade. Alguns estudiosos bíblicos disseram que o pecado é errar o alvo. Como no jogo de dardos, o objetivo é acertar o alvo central. Eu diria que pode ser mais como fazer o seu próprio alvo, um que não seja o de Deus.

A maioria dos teólogos cristãos sempre acreditou que o pecado interrompeu o relacionamento entre Deus e o homem. Também afetou toda a criação. Uma das razões para o mundo estar bagunçado é por causa do pecado e do pecado contínuo. Eu sei, isso soa como uma desculpa. Mas siga esta linha de raciocínio. Uma mulher sofreu a morte porque alguém fez a escolha de matá-la. Isso poderia ser reescrito como: uma mulher sofreu a morte porque alguém escolheu pecar matando-a. Biblicamente, coisas como ódio e ganância são pecados. Se você adicionar a isso orgulho, ciúmes, fofoca, cobiça, luxúria e guardar rancor, você pode ver como o pecado afeta a vida humana em geral. Espero que você entenda o sentido disso.

No primeiro versículo do primeiro livro da Bíblia, diz-se que, no princípio, Deus criou os céus e a terra. Em outro lugar, está escrito que Deus sustenta a criação. Também descreve Deus como sendo um ser supremo, autônomo, inteligente e espiritual (em termos de tempo e matéria). Tudo isso se encaixa na necessidade de um criador.

Há uma questão sobre Deus, tanto teológica quanto filosófica, sobre a natureza de Seu caráter. Isso geralmente é formulado da seguinte maneira: se Deus é bom por natureza, então não importa o que Ele faça, será bom. Então, não somos sortudos por Ele ser bom? E, se Ele é bom, por que existe o mal? A questão só questiona indiretamente a existência de Deus.

No livro bíblico de Isaías, Yahweh (Deus) diz: "Ai de quem contende com o seu Criador, um vaso de barro entre muitos! Dirá o barro ao oleiro: 'O que estás fazendo?'" (Isaías 45:19) Um pensamento relacionado está implícito nesta afirmação para os crentes: "Você crê em um só Deus – isso é digno de crédito, mas até os demônios têm a mesma fé, e tremem de medo." (Tiago 2:19)

Finalmente, a Bíblia é francamente clara sobre o pecado e as nossas vidas. Ela conta como Deus dirigiu a morte de pessoas. Sim, a vida é preciosa. Isso fica claro ao longo das escrituras. No entanto, a vida não é a coisa suprema, acima de todas as outras.

A Bíblia é aberta sobre o bem e o mal. E é brutalmente honesta. Eu gosto deste versículo, que diz a respeito dos crentes: "Se a nossa esperança em Cristo se limita a esta vida, somos os mais miseráveis de todos os homens." (I Coríntios 15:19)

CONTEMPLAÇÕES SOBRE VIDA EXTRATERRESTRE, ESPIRITUALIDADE E EVOLUÇÃO

Honestamente, eu fico um pouco divertido com todo o interesse em alienígenas ou vida inteligente extraterrestre. Eu duvido que existam formas de vida alienígenas inteligentes, pelo menos que alguma vez venhamos a entrar em contato com elas. Mas, de qualquer forma, isso não faz diferença para mim. Eu assisto a programas que apresentam e discutem evidências para a existência de ET. Embora algumas dessas evidências sejam convincentes, muito do que é apresentado é altamente especulativo, e algumas coisas parecem ser apenas entretenimento. E, por sinal, gosto dos filmes *ET, Star Trek, Star Wars* e outras produções desse gênero.

Eu realmente acredito que existem algumas coisas referidas como Objetos Voadores Não Identificados (OVNIs) ou Fenômenos Aéreos Não Identificados (FANI). Afinal, há uma agência do governo que estuda isso, o *Unidentified Aerial Phenomenon Task Force* (UAPTF), que opera como parte do Escritório de Inteligência Naval dos EUA. Seja o que for, pode ser eventos naturais, algo militar ou objetos alienígenas. Acho interessante e um pouco engraçado que exista um projeto para contatar alienígenas, o *SETI* (Search for Extraterrestrial Intelligence). Eu não entendo qual é o propósito desse projeto se já tivermos feito contato e eles já estão aqui. Também existe um projeto trabalhando no que fazer quando fizeremos o primeiro contato, o *SETI Post-Detection Hub*, na Universidade de St. Andrews, na Escócia. Eu não entendo a existência disso também, se já tivemos contato e eles estão entre nós. Algumas pessoas dizem ter visto alienígenas, outras dizem ter sido abduzidas, algumas afirmam ter estado no *Site 51* e que havia alienígenas lá. Não posso dizer que elas estão erradas. Não acho que há evidências suficientes para afirmar que estão certas. Sou cético.

Há uma equação que muitas pessoas usam para estimar o número de civilizações detectáveis na Via Láctea. Ela utiliza sete variáveis (e mais seriam necessárias). As variáveis estão relacionadas a condições planetárias, como temperatura, a presença de rochas, ter estrelas semelhantes ao sol orbitando, etc. *A Equação de Drake* indica que pode haver muitas dessas civilizações na Via Láctea. A mais próxima está a cerca de 20 anos-luz de distância. Nadia Drake trabalhou com seu pai na equação. Ela disse: "Mas resolver essas últimas variáveis na Equação de Drake – aquelas que nos dirão se a Terra é o lar dos únicos organismos tecnologicamente habilidosos da galáxia – será um mistério até que, como diz meu pai, ouvirmos os murmúrios de mundos alienígenas." (*naturalgeographic.com/science/2020/10...*).

Quando você estiver lendo isso, certamente já terão surgido mais avistamentos e teorias sobre esses fenômenos, e o governo pode até ter emitido um relatório sobre isso. A coisa mais interessante que eu encontrei recentemente foi que, além de manobras que não conseguimos replicar tecnologicamente, o que quer que tenha sido, parecia se mover mais rápido que a velocidade do som sem quebrar a barreira do som. Ouvi dizer que não temos ideia de como isso poderia ser feito. Alienígenas são uma resposta plausível.

Ainda assim, não entendo o desejo de descobrir ou ser descoberto por alienígenas para provar que não estamos sozinhos no universo. Sério? Você é um entre todos os outros humanos no planeta, e saber que alienígenas existem vai fazer você se sentir menos sozinho?

Se existem alienígenas, parece óbvio que eles nos descobririam antes que nós os descobríssemos. Talvez não, se eles fossem menos inteligentes ou tecnologicamente avançados do que nós. Se os alienígenas já nos visitaram, eles são evidentemente mais tecnologicamente avançados e mais inteligentes que os humanos. Um comentarista disse que precisamos saber quem são e qual é sua intenção. Isso é hilário. Se forem alienígenas, você não acha que eles poderiam nos contatar se quisessem?

No entanto, há um certo entusiasmo em identificar que o planeta habitável mais próximo pode estar a apenas 20 anos-luz de distância. Isso é perto, em termos astronômicos. O universo observável tem cerca de 93 bilhões de anos-luz de diâmetro, e está em expansão. Mas, é bom manter as coisas em perspectiva.

Um ano-luz é aproximadamente 5,9 trilhões de milhas. Vinte anos-luz são cerca de 118 trilhões de milhas. Pelo que ouvi, podemos viajar a 450.000 milhas por hora no espaço. Se a minha matemática estiver certa, a 500 mil quilômetros por hora levaria mais de 26 mil anos para chegar lá. E, como as ondas de rádio viajam à velocidade da luz, levaria 20 anos para receber a comunicação. Não quero dizer que isso seja impossível algum dia, mas definitivamente não será amanhã.

Talvez existam buracos de minhoca. Sua existência ainda é majoritariamente teórica. Mas, se existirem, também é teórico que eles seriam algo navegável. Ou seja, teríamos espaçonaves que poderiam fazer isso e conhecimento suficiente para controlar para onde se vai. Poderia acontecer, mas também não será amanhã. Recentemente, li que a velocidade de dobra pode ser possível. Viajar mais rápido que a velocidade da luz. Isso exigiria a curvatura do espaço-tempo e energia negativa, para a qual não temos ideia de como fazer. Além disso, poderia precisar de mais energia negativa do que há no universo. A ideia mais recente é criar uma bolha no espaço-tempo que "viaja" de forma semelhante às partículas quânticas. Ou seja, a bolha iria para onde fosse. Não existe nenhuma ideia teórica que eu conheça sobre como controlar o "voo". Essas ideias são baseadas em matemática astrofísica teórica. Talvez seja possível. Mas não há ciência, pelo menos de qualquer relevância, que diga que algo assim seria possível. Pensar assim é uma crença na ciência. Tudo bem. Eu também acredito que a ciência pode alcançar muitas coisas. Como, por exemplo, curar o resfriado comum, depois o câncer e então...

Se os alienígenas já estiveram aqui, eles são incontestavelmente mais avançados tecnologicamente e mais inteligentes do que os terráqueos. Alguns dizem que eles criaram os humanos. Outros dizem que vieram para ajudar os humanos. Se qualquer uma dessas afirmações for verdadeira, isso não responde à pergunta de onde os alienígenas vieram. Se eles vieram para nos ajudar, não me parece que eles sejam tão inteligentes assim, afinal. Eu imaginei um cenário em que humanos e alienígenas se comunicam. Os humanos perguntam aos alienígenas sobre a existência do universo. Os alienígenas respondem que alguns de seus cientistas acham que ele surgiu do nada e outros acreditam que é a criação de uma entidade inteligente e autônoma. Isso não seria hilário!

Eu acredito que o universo e tudo o que foi feito foi feito para a existência de nós, seres humanos. Se também foi feito para outros como os alienígenas, então foi. Acho que há espaço suficiente. Mas acredito que estamos sozinhos, exceto uns com os outros (e talvez sozinhos com os alienígenas) e com nosso Criador.

No livro *Improbable Planet*, Ross apresenta uma série de razões pelas quais a Terra e seu lugar em nossa galáxia estão exclusivamente equipados para sustentar a vida. Essas razões estão, em sua maioria, além da minha compreensão. Basicamente, há condições que são necessárias para a existência de certos elementos em determinadas proporções e não outros, precisa ser uma galáxia espiral, as coisas precisam ter o tamanho certo, não deve haver supergaláxias na maior família de galáxias, deve haver um número suficiente, mas não muitos, de galáxias anãs, etc. Depois de apresentar essas condições, ele afirma o seguinte:

"As observações e explorações fornecem uma estrutura dentro da qual podemos considerar as implicações de uma tão incrível multiplicidade de coincidências. Embora tenhamos muito a aprender e entender, uma forte sugestão de intencionalidade e propósito claramente surgiu. Como escreveu o físico Freeman Dyson em seu livro *Disturbing the Universe*: 'Quanto mais examino o universo e estudo os detalhes de sua arquitetura, mais evidências encontro de que o universo, de algum modo, deve ter sabido que estávamos chegando.'" (Ross 2016, 42)

Sobre inteligência extraterrestre, Hawking escreveu o seguinte: "Talvez a inteligência tenha sido um desenvolvimento improvável para a vida na Terra, pela cronologia da evolução, já que levou um tempo muito longo – dois bilhões e meio de anos – para passar de células únicas para seres multicelulares. O que é um precursor necessário para a inteligência. Esta é uma boa fração do tempo total disponível antes que o sol exploda, então seria consistente com a hipótese de que a probabilidade de a vida desenvolver inteligência seja baixa. Nesse caso, poderíamos esperar encontrar muitas outras formas de vida na galáxia, mas é improvável que encontremos vida inteligente." (Hawking 2018, 84)

John Gibben, que escreveu um livro inteiro sobre a ideia de que estamos sozinhos neste universo, escreveu o seguinte: "As razões pelas quais estamos aqui formam uma cadeia tão improvável que a chance de qualquer outra civilização tecnológica existir na Galáxia Via Láctea neste momento é praticamente inexistente. Estamos sozinhos, e é melhor nos acostumarmos com essa ideia." (Gibben 2011, 105)

E, finalmente, um pensamento meio humorístico que posso, em parte, me relacionar com Hawking: "Encontrar uma civilização mais avançada, na nossa era atual, pode ser um pouco como os habitantes originais da América encontrando Colombo – e não acho que eles acharam que estavam melhorando por causa disso." (Hawking 2018, 86)

Aqui está uma ideia diferente que encontrei recentemente. A ideia é que Deus, que criou muitos seres espirituais, criou "deuses". Esses deuses foram colocados no controle de diferentes partes da Terra com certos poderes espirituais. Como anjos, alguns, senão todos, abusaram de seu poder ao querer ser como Deus. Eles se infiltraram na vida humana para receber louvor para si mesmos, ao invés de servir a Deus e dar a Ele a glória. Nesse sentido, os "deuses" humanos (como Zeus) podem ter sido deuses. [Atenção à diferença entre "Deus" (maiúscula) e "deuses" (minúscula) aqui.] Portanto, Deus está acima de todos os deuses. Existe apenas um Deus, que criou tudo o que existe. A ideia aqui é que Deus criou seres divinos que você poderia chamar de (deuses em minúscula). No livro de Jó, há uma apresentação de perguntas que Deus faz a Jó. Deus faz várias perguntas a Jó que ilustram retoricamente como Jó não tem direito ou justificativa para questionar Deus. Deus fala sobre Sua criação da Terra. Uma das perguntas é a seguinte: "Quem lançou a sua pedra angular, enquanto as estrelas da manhã cantavam juntas, e todos os filhos de Deus rejubilavam?" (Jó 38:6-7). Esses "filhos de Deus" estavam presentes com Deus enquanto Ele criava a Terra. Esses "deuses" podem ter sido responsáveis por coisas que os teóricos dos alienígenas antigos mencionam. Acho isso interessante, mas não tenho uma opinião formada. (Se você tiver interesse nesses pensamentos, recomendo dois livros de Michael S. Heiser: *Super Natural e The Unseen Realm*)

A evolução é frequentemente apresentada como uma evidência de que não há Deus. Sugerem que, dada a evolução, não há necessidade de Deus. Pode ser um argumento de que um deus não é necessário para a criação da vida ou das pessoas. No entanto, ainda há evidências de que uma entidade externa, inteligente e autônoma pode ser ou é necessária para a criação do universo. Nesse sentido, a evolução não tem nada a ver com a questão de haver ou não um deus.

Eu tenho lutado para tentar reconciliar a evolução com minhas crenças judaico-cristãs. Gostaria de ter uma compreensão melhor, mas estou contente com meus pensamentos sobre isso no momento. É óbvio que as coisas evoluem, o que significa que elas mudam. De algum modo, por mais insignificante que seja, a maioria das coisas muda. Pelo que sei, os elementos básicos não mudam, não evoluem. Não parece haver uma variante de oxigênio. O oxigênio não evolui.

Minha compreensão atual não é de que Deus simplesmente criou Adão e Eva. Embora eu acredite que Ele poderia ter feito isso. Existem muitos escritos acadêmicos lidando com a questão da criação/evolução. As principais questões que eu tinha envolvem a criação de cada animal segundo a sua espécie e a história de Adão e Eva. Mas tudo isso não tem a ver com acreditar em Deus. Trata-se da teologia sobre como Deus fez todas essas coisas. Os grandes problemas surgem nos esforços para reconciliar o relato bíblico com a ciência. Existem muitas ideias, e eu tenho a minha. Eu acredito que, de alguma forma, Deus criou tudo, incluindo nós, seres humanos.

Faço um pequeno estudo nessa área de vez em quando. Uma ideia que me interessa tem a ver com a palavra "dia" no relato bíblico da criação. Segundo alguns estudiosos hebreus, isso não se refere necessariamente a um período de 24 horas. Pode se referir a um período de tempo. Da mesma forma, o número de horas entre a noite e o dia pode ter sido bem diferente nos primeiros dias da criação. E, a história da criação pode ser uma história. Em termos literários, isso significa que o material não é completamente um fato (como um fato científico), nem é ficção. É uma maneira de transmitir informações sobre algo que aconteceu. Não tenho problema em pensar que Deus criou a matéria do universo e depois usou essa matéria para fazer tudo no universo. Isso incluiria intervir nos processos evolutivos para produzir seres humanos que são feitos à Sua imagem. Talvez isso seja tudo o que fosse necessário. Eu não acho que isso seja um grande salto para quem acredita que Deus intervém em resposta a orações ou pela Sua própria vontade. É complicado para mim. Não acho que isso impeça a ideia de um Adão e Eva históricos. Em algum momento, Deus pode ter ficado satisfeito com a criação de um ser chamado Adão. E, então, de alguma forma, a partir dele, Deus criou Eva. Estou bem com a ideia de que Deus usou os mesmos materiais usados com Adão ou que Ele fez Eva a partir de uma costela de Adão, ou que isso seja uma história para compartilhar o que Deus fez.

Eu acredito que os seres humanos, sendo feitos à imagem de Deus, são diferentes das outras formas de vida no universo. Teólogos e filósofos têm ponderado sobre essa questão por muito tempo e escreveram mais do que eu poderia ler em toda a minha vida. Aqui está minha visão resumida sobre essas considerações. Eu acredito que Deus deu vida aos seres vivos. Eu acredito que há algo mais que alguém poderia chamar de alma. E, a alma é dada aos seres humanos, e é ela, juntamente com nossa natureza espiritual, que compõe nosso ser à imagem de Deus. Existem pensamentos filosóficos e teológicos que classificam as coisas como matéria inanimada, seres vivos, seres com alma e humanos feitos à imagem de Deus.

É por isso que podemos pisar em um verme e sentir pouco ou nenhum remorso. Se atropelarmos um gato com o carro, podemos nos sentir tristes. A ideia é que um verme está vivo, mas não é um ser com alma. Podemos interagir de algumas maneiras com o gato, assim como com um cachorro e outros seres. Ainda assim, podemos comer um cachorro ou um gato. Ou uma vaca. Um ser com alma não é um ser humano. No entanto, a Bíblia é clara ao afirmar que devemos cuidar da terra e não abusar dos outros seres vivos. Se eu estivesse em um daqueles filmes em que alguns outros morreram e eu estivesse morrendo de fome, acho que poderia comer alguém. Não mataria alguém para comê-lo.

Meus ancestrais nativos americanos e alguns contemporâneos poderiam dizer algo como "caminhe suavemente sobre a grama, somos todos parentes". Pelo menos em algum sentido, acredito que isso seja verdade. Alguém poderia matar um cervo para obter comida e peles. No entanto, daria graças ao grande espírito e ao espírito do cervo por aquelas provisões. E isso faz sentido para mim. Alguns líderes espirituais podem agradecer por cada gole de água. Eu não sou tão espiritual, mas isso também faz sentido para mim.

Eu acredito em espíritos. Afinal, Deus é espírito. Eu acredito que nós também somos. Acredito que Deus criou muitos seres espirituais. O mais comum que a maioria de nós pensa são os anjos. Mencionei minha crença de que alguns anjos se rebelaram contra Deus e foram expulsos do céu. O líder foi Lúcifer, agora conhecido como Satanás. Ele e seus seguidores chamamos de demônios. A existência de demônios, se você acredita neles, é uma evidência de Deus. A palavra para anjo vem do grego, que significa "mensageiro". Os anjos falam por Deus. Os demônios falam pelo diabo. Se você acredita em um, não sei como não acreditaria no outro.

Falando de espíritos, há pessoas que procuram falar com os mortos. Obviamente, elas acreditam que existe vida após a morte. O que significa que acreditam que somos mais do que apenas matéria. Como é que somos seres que têm vida após a morte? Talvez porque o Deus que nos criou deseja se relacionar conosco. Não duvido que isso possa ser feito. Devo dizer que não acho que seja algo que alguém deva procurar fazer. Diz-se que é algo para não se fazer na Bíblia. Acho que a razão principal seja que, em nosso estado atual, pelo menos a maioria de nós não consegue discernir entre o espírito de um membro falecido da família e o de um demônio imitando. Simplesmente não somos inteligentes ou espirituais o suficiente.

Eu acredito que há muitas coisas que não entendemos sobre a realidade espiritual e até mesmo a realidade natural em que existimos. É uma espécie de crença achar que a ciência eventualmente fornecerá uma compreensão de tudo. Você poderia dizer que as evidências são, na verdade, o oposto disso. Quanto mais sabemos, mais sabemos o quanto não sabemos. Um exemplo simples: pensávamos que havia três estados da matéria — sólido, líquido e gasoso. Depois, descobrimos o plasma.

E agora, talvez, o swirlon. Bem, por mais inteligentes que gostemos de achar que somos, os cientistas estão trabalhando para resolver ou descobrir mais cem coisas antes de ir atrás de mais mil ou mais coisas.

EU CREIO EM DEUS, O PAI, O FILHO E O ESPÍRITO SANTO

Se você ainda não acredita em Deus, espero que considere razões para crer. Se você acredita em Deus, espero que considere que Sua interação e revelação nos são dadas na Bíblia. E, na Bíblia, você pode encontrar que Jesus é o Filho de Deus, que é Deus com o Pai e o Espírito Santo, em quem eu acredito e, portanto, sou salvo para viver com Deus para sempre.

Eu acredito em Deus, o Pai, o Filho e o Espírito Santo. Eu não consigo compreender o que é chamado de Trindade. Eu creio no que está registrado para nós na Bíblia. O Natal é sobre Cristo. Jesus de Nazaré. Eu só conheço essas coisas a partir da Bíblia Sagrada. Eu acredito que a Bíblia é uma maneira pela qual Deus se revela a nós hoje, por meio de um registro de como Ele se revelou às pessoas no passado. É uma maneira, assim como a revelação natural (beleza, ciência, etc.) e a filosofia.

Eu sei que há questões sobre o que é histórico e sobre isso e aquilo e cronologias e tais. Não vou entrar em todos esses detalhes. Vou dizer que, com tudo o que sei e estudei, ainda tenho tanto (se não mais) motivo para acreditar no Deus cristão do que para não acreditar. Você pode não concordar, eu respeito isso. Se você tiver interesse, pode estudar mais por conta própria. Existem toneladas de livros sobre esses assuntos. Eu não sou um especialista. Acredito que sou aberto e examinarei qualquer coisa nova que desafie minha crença. Ninguém pode examinar tudo, certo?

Eu acredito que há um Deus. Eu acredito que Deus criou tudo o que existe. Isso inclui a mim e a você. Não é necessário, mas faz sentido que, se Deus criou as pessoas, Ele possa interagir com elas. Eu acredito que aprendemos muito sobre isso com o Antigo Testamento. Aprendemos mais com o Novo Testamento. Como resultado de tudo o que sei, continuo a acreditar em Deus, o Pai, o Filho e o Espírito Santo. Entre todos os que se diziam profetas e afins, fora os obviamente loucos, só Jesus afirmou ser o Filho de Deus e, por outras declarações, afirmou ser Deus. Eu acredito em sua realidade histórica, sua crucificação e ressurreição. [Uma apresentação técnica pode ser encontrada em Goothuis, Capítulo 19, Jesus de Nazaré: Como os Historiadores Podem Conhecê-Lo e Por Que Isso Importa.]

Eu acredito que há muitas profecias no Antigo Testamento que falam do nascimento virginal e de Emmanuel (Deus conosco). Eu acredito que os primeiros discípulos de Jesus sofreram mortes dolorosas nas mãos dos anticristãos. Sei que pessoas de outras religiões também sofreram. Eu acredito que a teologia bíblica do pecado explica a maioria ou todos os nossos problemas. Deus é meu Criador e Ele cuida de mim. Ele me dá instruções. Algum de vocês, pais, já não ouviram seu filho, em algum momento, dizer: "Você não manda em mim"? Deus não é nosso patrão e não somos patrões de nossos filhos. A instrução que damos é para o bem deles, porque os amamos. Deus é o nosso Criador e nos dá instruções para o nosso bem e salvação. Havia escritores contemporâneos aos escritores do Novo Testamento. Pelo que sei, não houve nenhum que desafiasse os escritos sobre a crucificação e ressurreição de Jesus.

C. S. Lewis escreveu o seguinte: "Um homem que fosse meramente um homem e dissesse as coisas que Jesus disse não seria um grande mestre moral. Ele seria, ou um lunático – no mesmo nível do homem que diz ser um ovo escalfado – ou então seria o Diabo do Inferno. Você deve fazer sua escolha. Ou este homem era, e é, o Filho de Deus; ou então um louco ou algo pior. Você pode calá-lo como um tolo, pode cuspir nele e matá-lo como um demônio; ou pode cair aos Seus pés e chamá-lo de Senhor e Deus. Mas não vamos vir com nenhuma tolice paternalista sobre Ele ser um grande mestre humano. Ele não deixou isso aberto para nós. Ele não teve essa intenção." (Lewis, 1970, 289)

Os cristãos erraram de muitas maneiras. (E também pessoas de outras fés.) Isso me deixa triste. No entanto, eles também foram uma fonte de bem. Grande parte das boas ações de caridade vêm dos cristãos.

Não peço desculpas pelo que estou prestes a dizer. Se você entender a fé judaico-cristã histórica, entenderá que ninguém vem ao Pai, senão através do Filho. Não existem muitos caminhos para ser salvo. Existe um só Deus. Você pode acreditar de maneira diferente; sei que a maioria acredita assim. Faça uma comparação honesta de qualquer crença com o cristianismo. Se você buscar a verdade, acredito que encontrará que elas não são compatíveis como formas diferentes de ser salvo e estar com Deus.

Há muitos livros populares que falam sobre como há muitas formas de chegar até Deus. Curiosamente, a definição de "Deus" não é o Deus judaico-cristão. Então, tudo isso falha em sair da linha de partida.

Um exemplo é o livro popular de Thich Nhat Hanh, *Living Buddha, Living Christ*. No livro, ele afirma: "Você nasce em sua tradição e, naturalmente, se torna um budista ou um cristão. O budismo ou o cristianismo fazem parte de sua cultura e civilização. Você está familiarizado com sua cultura e aprecia as coisas boas nela. Talvez você não perceba que, em outras culturas e civilizações, existem valores aos quais as pessoas estão apegadas. Se você for aberto o suficiente, entenderá que sua tradição não contém todas as verdades e valores. É fácil se deixar pegar pela ideia de que a salvação não é possível fora de sua tradição. Uma prática profunda e correta de sua tradição pode libertá-lo dessa crença perigosa."

Com licença, mas a ideia de salvação do budismo não é como a do cristianismo. E me interessa entender por que minha crença é considerada perigosa. Talvez uma prática profunda e correta de sua tradição possa levá-lo a Jesus.

Não podemos ser amigos de pessoas com as quais discordamos sobre o que consideramos a coisa mais importante da vida? Claro que sim. Compartilhamos. Escolhemos e eles também escolheram. Que todos possamos orar e que Deus tenha misericórdia de todos nós.

Eu acredito em Deus. Eu acredito que Deus criou tudo o que existe. Isso inclui a mim e a você. Não é necessário, mas faz sentido que, se Deus criou as pessoas, Ele possa interagir com elas. Acredito que há um Deus. Eu acredito que Deus criou tudo o que existe. Isso inclui a mim e a você. Não é necessário, mas faz sentido que, se Deus criou as pessoas, Ele possa interagir com elas. Acredito que aprendemos muito sobre isso no Antigo Testamento. Aprendemos mais no Novo Testamento. Como resultado de tudo o que sei, continuo a acreditar em Deus, o Pai, o Filho e o Espírito Santo. Entre todos os que se disseram profetas e afins, fora os obviamente loucos, apenas Jesus afirmou ser o Filho de Deus e, por outras declarações, afirmou ser Deus. Eu acredito na sua realidade histórica, na sua crucificação e ressurreição.

Os cristãos erraram de muitas maneiras. (E também pessoas de outras fés.) Isso me deixa triste. No entanto, eles também foram uma fonte de bem. Grande parte das boas ações de caridade vem dos cristãos.

CONSIDERAÇÕES FINAIS

Para concluir, acredito que existem muitas razões para acreditar em Deus. Acredito que a fé em Deus é plausível e faz tanto sentido científica e filosoficamente quanto não acreditar. Sei que meus motivos são passíveis de debate e você pode discordar. Acredito que, no final, trata-se de uma escolha e de uma questão de fé baseada em evidências.

Eu me pergunto, como pode haver um Deus? Minha resposta é sempre outra pergunta: como não poderia haver? Acredito que algo autônomo, inteligente, externo (fora e ao mesmo tempo dentro) ao nosso tempo, algo (que acredito ser o Deus da Bíblia), é necessário ou, ao menos, uma explicação possível para as complexidades do mundo material e da existência das realidades metafísicas.

Pessoalmente, eu não consigo lidar com a ideia de que há um Deus que também é como eu afirmei neste livro. Isso me dói. Eu não consigo refletir sobre isso. Intelectualmente, como se costuma dizer, é doloroso até a morte. No entanto, eu me sentiria da mesma forma se estivesse lutando com a questão de como a matéria poderia simplesmente estar aí. Se você se identifica, sabe que isso rasga suas entranhas existencialmente.

Após apresentar um programa de rádio por mais de dez anos que reunia ateus e cristãos proeminentes para discutir vários tópicos, Justin Brierley escreveu um livro sobre por que ele ainda é cristão. Parte de sua razão ele declara da seguinte forma: "O caso para Deus é cumulativo e vai muito além da ciência .... Mas, levando em consideração tudo o que vejo até agora, não posso me reconciliar com a ideia de acreditar que a humanidade é simplesmente o subproduto acidental de um universo sem direção e sem propósito, que veio do nada e está indo para o esquecimento. Também não posso escapar de uma convicção de que a ordem, a elegância e a majestade do universo e da nossa existência dentro dele clamam por uma explicação além de si mesmos. O ateísmo não pode dar conta de um mundo assim. Por isso, Deus é a melhor explicação para a existência humana." (Brierley, 2017, 50)

Eu não acredito que a matéria tenha sempre existido ou venha do nada. Acredito que Deus criou o universo e o sustenta (impedindo que ele se desfaça). Dentro dessa compreensão, parece que, eventualmente, as coisas irão se desintegrar no distante futuro. Acredito que Deus retornará algum dia para redimir a criação. Existem várias interpretações sobre o que isso pode significar. O que isso pode significar não me importa, acredito que acontecerá.

Eu não acredito que todas as funções e interações incrivelmente complexas e as coisas necessárias para a existência e o funcionamento sejam resultado de um acidente ou sorte. Acredito que há evidências fortes de um design e que Deus é o designer.

Não acredito que a consciência, a inteligência ou o livre arbítrio tenham surgido de matéria não viva e não consciente. Acredito que a vida em si, e essas coisas, foram concedidas por Deus.

Não acredito que o conceito de moralidade ou os sentimentos de emoções venham da matéria. Acredito que Deus é a fonte da verdade absoluta e, portanto, do certo e do errado. Também acredito que Deus é o único que é completamente pleno de justiça e retidão, bem como de misericórdia e perdão.

Não acredito que, só porque a dor existe, ou porque as pessoas cometeram mal, mesmo em nome da religião, isso seja uma evidência de que Deus não existe. Também é verdade que muito bem é feito por crentes. Acredito que essas coisas fazem sentido lógico à luz da teologia judaico-cristã.

Aqui estão também nossas experiências pessoais. Isso é obviamente muito subjetivo. Sou cauteloso em qualquer abordagem desse assunto. É mais uma daquelas coisas que são bastante complicadas. Sabemos que há ocasiões em que alguém mata pessoas porque acha que Deus mandou. Ouvi um cara dizer que comprou rosas amarelas porque Deus disse a ele para fazer isso, e que essa era a cor favorita da menina. Não sou um juiz de tais coisas. Mas cada um tem suas próprias experiências. Eu posso compartilhar o que penso sobre as suas, mas qualquer coisa além disso está além do meu nível de pagamento, como dizem.

Pessoalmente, nunca fiquei completamente satisfeito com qualquer explicação de alguém que tem um relacionamento pessoal com Deus. Talvez seja difícil de descrever. É como se Deus falasse comigo, mas Ele não fala realmente. Talvez Ele fale, algum tempo de alguma forma? Independentemente disso, há algo que se chama relacionamento. Eu só não sei o que as pessoas querem dizer quando falam isso. Pessoalmente, eu rezo e dou graças. Já pensei muito na música que tem uma letra dizendo algo como ir ao jardim enquanto o orvalho ainda está nas rosas. E ele anda comigo e fala comigo e me diz que sou seu. E a alegria que compartilhamos enquanto ficamos lá, ninguém jamais conheceu. Isso é impressionante. Mas eu só posso desejar poder me relacionar com isso. Eu realmente acredito que é diferente para todos nós em momentos diferentes.

Isso não se trata de relacionamento, mas de uma experiência. É uma que sempre me lembro. Em meados dos anos 70, eu estava com dois outros irmãos cristãos em um parque. Encontramos uma mulher bonita da nossa idade e começamos a conversar/flertar com ela. Ela nos disse que era uma bruxa. Nenhum de nós disse nada sobre sermos cristãos. Ela disse: "Vocês são cristãos, eu preciso ir embora." E ela foi.

Quando meu filho morreu, eu saí de casa e abracei uma árvore. Rezei com toda a sinceridade que Deus me levasse e deixasse ele viver. Eu estava sério e acreditava que isso poderia ter acontecido. Não aconteceu. Eu rezo por coisas na minha vida e na vida dos outros e acredito que isso faz a diferença e espero que faça. Não sou louco nesse sentido. A única pessoa que diz que Deus deu a ela os números da loteria foi a vencedora.

Permita-me citar Brierley novamente, pois ele expressa isso melhor do que eu poderia. "Ao longo da jornada, minha briga não foi com os ateus, mas com o ateísmo. Tendo examinado isso de várias perspectivas, não consegui reconciliá-lo com o mundo em que me encontro. É um mundo que é tanto mecânico quanto mágico, belo, mas quebrado, impulsionado por leis naturais, mas fervilhando, logo abaixo da superfície, com a presença de algo inteiramente sobrenatural. No final, o cristianismo ainda faz mais sentido da vida, do universo e de tudo." (Brierley 2017, 205-206)

"A única fé pode garantir as bênçãos que esperamos, ou provar a existência de realidades que são invisíveis... É pela fé que entendemos que os séculos foram criados por uma palavra de Deus, de modo que do invisível o mundo visível veio a ser." (Hebreus 11:1-3)

Se você nunca acreditou em Deus, espero que considere razões para acreditar. Se você acredita em Deus, espero que considere que Sua interação e revelação são dadas a nós na Bíblia. E, na Bíblia, você pode descobrir que Jesus é o Filho de Deus, que é Deus com o Pai e o Espírito Santo, em quem eu acredito e que, portanto, são salvos para viver com Deus para sempre.

Eu acredito em Deus, o Pai, o Filho e o Espírito Santo. Não consigo compreender o que é chamado de Trindade. Eu acredito no que está registrado para nós na Bíblia. O Natal é sobre Cristo. Jesus de Nazaré. Eu só conheço essas coisas pela Bíblia Sagrada. Eu acredito que a Bíblia é uma das formas pelas quais Deus se revela a nós hoje, por meio de um registro de como Ele se revelou às pessoas no passado. É uma forma, assim como a revelação natural (beleza, ciência, etc.) e a filosofia. Há uma história sólida sobre algumas dessas coisas.

Eu sei que existem questões sobre o que é histórico, sobre isso e aquilo, sobre cronologias e coisas assim. Não vou entrar em todos esses detalhes. Vou dizer que, de tudo o que sei e estudei, ainda tenho tanto (se não mais) motivo para acreditar no Deus cristão do que para não acreditar. Você pode não concordar, eu respeito isso. Se você estiver interessado, pode estudar mais por conta própria. Existem toneladas de livros sobre esses assuntos. Não sou um especialista. Acredito que sou aberto e vou examinar qualquer coisa nova que desafie minha crença. Ninguém pode examinar tudo, certo?

Eu acredito que existe um Deus. Eu acredito que Deus criou tudo o que existe. Isso inclui a mim e a você. Não é necessário, mas faz sentido que, se Deus criou as pessoas, Ele possa interagir com elas. Acredito que aprendemos muito sobre isso no Antigo Testamento. Aprendemos mais no Novo Testamento. Como resultado de tudo o que sei, continuo a acreditar em Deus, o Pai, o Filho e o Espírito Santo. Entre todos os que afirmaram ser profetas e semelhantes, fora os claramente insanos, apenas Jesus afirmou ser o Filho de Deus e, por outras declarações, afirmou ser Deus. Eu acredito na sua realidade histórica, na sua crucificação e ressurreição.

Acredito que há muitas profecias no Antigo Testamento que falam sobre o nascimento virginal e Emmanuel (Deus conosco). Acredito que os primeiros discípulos de Jesus sofreram mortes dolorosas nas mãos de anti-cristãos. Sei que pessoas de outras religiões também sofreram. Acredito que a teologia bíblica do pecado explica muitos dos nossos problemas. Deus é o meu criador e Ele cuida de mim. Ele me dá instruções. Algum de vocês, pais, já não ouviram seu filho dizer em algum momento: "Você não manda em mim"? Deus não é nosso chefe e nós não somos chefes de nossos filhos. As instruções que damos são para o bem deles porque os amamos. As instruções que Deus nos dá são porque Ele nos ama. Havia escritores contemporâneos aos escritores do Novo Testamento. Pelo que sei, não houve nenhum que desafiasse os escritos sobre a crucificação e ressurreição de Jesus.

Os cristãos erraram de muitas maneiras. (E também as pessoas de outras religiões.) Isso me entristece. No entanto, os cristãos também foram uma fonte de coisas boas. Grande parte das obras de caridade vem dos cristãos.

Tudo o que escrevi aqui expressa razões pelas quais acredito em Deus. Espero que você tenha achado interessante e talvez um incentivo para considerar a crença em Deus. E, espero que você tenha um Feliz Natal.

APOLOGÉTICA NÃO SIGNIFICA PEDIR DESCULPAS: UM ADENDO PARA CRISTÃOS

"Consagrem Cristo como Senhor em seus corações e estejam sempre preparados para responder a qualquer pessoa que lhes pedir a razão da esperança que há em vocês" 1 Pedro 3:15

É bíblico; somos instruídos a estar preparados para compartilhar as razões de nossa fé. A totalidade das razões de cada pessoa não será a mesma de outra. No entanto, alguns pontos básicos serão semelhantes. Se acreditar lhe traz felicidade e bem-estar, isso é algo bom. Deus nos oferece paz além do entendimento e alegria no Senhor. Mas sua razão certamente é mais do que isso. Afinal, muitos ateus são felizes. Cristãos não devem pedir desculpas ou se desculpar por sua fé. A apologética tem a ver com o desenvolvimento de razões para a esperança que temos.

Então, o que é "apologética"? A palavra "apologética" é uma daquelas palavras chamadas de contranimes. Ela tem dois significados que são basicamente antitéticos. Ser apologético pode significar sentir-se arrependido ou expressar contrição. Também pode significar defender algo. "Apologética" é um uso específico da palavra. Uma descrição do Wikipedia segue:

"A apologética é a disciplina religiosa de defender doutrinas religiosas por meio de argumentação sistemática e discurso. Os primeiros escritores cristãos que defenderam suas crenças contra os críticos e recomendaram sua fé aos de fora eram chamados de apólogos cristãos. No uso do século XXI, a apologética é frequentemente identificada com debates sobre religião e teologia."

Parece-me que a principal questão aqui é por que o cristianismo (em vez de outras crenças teístas)? Isso vai além de por que acredito que há um Deus. Honestamente, dei apenas um estudo superficial sobre outras religiões importantes. A única coisa que li é que nenhum profeta ou pessoa santa de qualquer religião afirmou ser Deus. Na minha leitura da Bíblia, vejo muitas maneiras pelas quais Jesus fez isso.

Acredito que há muitos aspectos bons no budismo, hinduísmo e islã. Nenhum de seus profetas afirmou ser Deus. Ser repetidamente reencarnado ou absorvido no nirvana ou algo do tipo não soa como entrar no Reino de Deus no céu.

Ter razões sólidas para nossa crença e fé também é bom para nos apoiar em tempos de provações e dificuldades. Quando você vê sua fé sendo seriamente desafiada, é encorajado a orar, conversar com outros em quem confia que possam ajudar, ler as escrituras. Se você tiver razões para acreditar em sua mente, refletirá sobre elas. É outra fonte de ajuda.

Se você deseja se basear em razões extra-bíblicas para crer, como história, filosofia e ciência, acredito que há alguns bons livros para ler na bibliografia. Recomendo Brierley (2017), Flew (2007), Lewis (1952), e o livro de Josh McDowell *Evidence that Demands a Verdict: Historical Evidences for the Christian Faith – 2 Volume Set.*

Que todos nós possamos crescer na fé e na capacidade de compartilhar nossa fé. Que possamos amar uns aos outros e aos de outras religiões sem sacrificar a verdade. Que Deus nos abençoe e nos conduza.

BIBLIOGRAFIA

Al-Khalili, Jim. "Everything and Nothing: What is nothing?" https://youtu.be/rkPv8zApeeo

Axe, Douglas. 2016. Indiscutível: *Como a biologia confirma nossa intuição de que a vida é projetada*. Nova York: Harper Collins Publishers.

Brierley, Justin. 2017. *Inacreditável? Por que, depois de dez anos conversando com ateus, ainda sou cristão. Londres*: Society for Promoting Christian Knowledge.

Dawkins, Richard. 2006. *A Ilusão de Deus*. Nova York: Houghton Mifflin Company.

Feser, Edward. 2008. *A Última Superstição: Uma refutação ao novo ateísmo*. South Bend, IN: St. Augustine's Press.

Flew, Antony (Ed.). 1964. Corpo, *Mente e Morte: De Hipócrates a Gilbert Ryle sobre a questão "O que é a consciência?"* Londres: The Macmillan Company.

Flew, Antony. 2007. *Existe um Deus: Como o ateu mais notório do mundo mudou de ideia*. Nova York: Harper One.

Furst, Charles. 1979. *Origens da Mente: Conexões Mente-Cérebro*. New Jersey: Prentice-Hall, Inc.

Geisler, Norman L. e Turek, Frank. 2004. *Eu Não Tenho Fé Suficiente para Ser Ateu*. Wheaton, IL: Crossway.

Gleick, James. 1978. *Caos: Criando uma nova ciência*. Nova York: Viking Penguin Inc.

Gribbin, John. 2011. *Sozinho no Universo: Por que o nosso planeta é único*. Hoboken, NJ: John Wiley & Sons, Inc.

Groothuis, Douglas. 2011. *Apologética Cristã: Um Caso Abrangente pela Fé Bíblica*. Downers Grove, IL: Intervarsity Press.

Hawking, Stephen. 2018. *Respostas Breves às Grandes Perguntas*. Nova York: Bantam Books.

Hawking, Stephen. 2001. *O Universo em uma Casca de Noz*. Nova York: Bantam Books.

Hawking, Stephen e Mlodinow, Leonard. 2012. *O Grande Projeto*. Nova York: Bantam Books.

Harding, Fred. *Stephen Hawking e o Autor Divino: O dia em que Hawking encontrou Deus, mas não podia acreditar nos seus olhos*. Reino Unido.

Hitchens, Christopher. 2007. *Deus Não é Grande: Como a Religião Envenena Tudo*. Nova York: Twelve.

Hitchens, Peter. 2010. *A Raiva Contra Deus: Como o ateísmo me levou à fé*. Grand Rapids, MI: Zondervan.

Keathley, Kenneth, Stump, J. B. e Aguirre, Joe (Eds.). 2017. *Criação Antiga ou Criação Evolutiva? Discutindo Origens com Reasons to Believe e BioLogos*. Downers Grove, IL: InterVarsity Press.

Keller, Timothy. 2018. A Razão para Deus: *A Fé em uma Era de Ceticismo*. Nova York: Penguin Books.

Krauss, Lawrence M. 2012. *Um Universo do Nada: Por que há algo ao invés de nada*. Nova York: Free Press.

Kreeft, Peter e Tacelli, K. 1994. *Manual de Apologética Cristã: Centenas de Respostas para Questões Cruciais*. Downers Grove, IL: Intervarsity Press.

Leisola, Matti e Witt, Jonathan. 2018. *Herege: A Jornada de um Cientista de Darwin ao Design*. Seattle: Discovery Institute.

Lewis, C. S. 1940. *O Problema da Dor*. Nova York: Harper One.

Lewis, C.S. 1952. *Cristianismo Puro e Simples*. Nova York: Harper One.

Lewis, C. S. 1955. *Surpreendido pela Alegria*. Nova York: Harper One.

Lewis, C. S. 1970. *Deus no Banco dos Réus*. Grand Rapids, MI: Wm. B. Eerdmans Publishing Co.

Pope, Kenneth S. e Singer, Jerome L. (Eds). 1978. *O Fluxo da Consciência: Investigações Científicas sobre o Fluxo da Experiência Humana*. Nova York: Plenum Press.

Powell, Diane Hennacy, M.D. 2009. *O Enigma da Percepção Extra-Sensorial: O Caso Científico para os Fenômenos Psíquicos*. Nova York: Walker Publishing Company, Inc.

Rasmussen, Joshua. 2019. *Como a Razão Pode Levar a Deus: A Ponte de um Filósofo para a Fé*. Downers Grove, Illinois: IVP Academic.

Ross, Hugh. 1983. *O Criador e o Cosmos: Como as Maiores Descobertas Científicas do Século Revelam Deus*. Colorado Springs, CO: Navpress.

Ross, Hugh. 2014. *Navegando em Gênesis: A Jornada de um Cientista pelo Gênesis 1-11*. Covina, CA: Reasons to Believe.

Ross, Hugh. 2016. *Planeta Improvável: Como a Terra se Tornou o Lar da Humanidade*. Grand Rapids, MI: Baker Books.

Schaeffer, Francis. 1976. *Como Devemos, Então, Viver*. Wheaton: Crossway.

Schaeffer, Frank. 2014. *Por que Sou um Ateu que Acredita em Deus: Como Dar Amor, Criar Beleza e Encontrar Paz*. Salisbury, M.A.: Regina Orthodox Press.

Schroeder, Gerald L. 2001. *A Face Oculta de Deus: A Ciência Revela a Verdade Suprema*. Nova York: Touchstone.

Schwartz, Gary E., Ph.D. 2006. *Os Experimentos G.O.D.: Como a Ciência Está Descobrindo Deus em Tudo, Inclusive em Nós*. Nova York: Atria Books.

Stump, J.B. (Gen. Ed.). 2017. *Quatro Visões sobre Criação, Evolução e Design Inteligente*. Grand Rapids, MI: Zondervan.

Varghese, Roy Abraham. 2003. *A Maravilha do Mundo: Uma Jornada da Ciência Moderna para a Mente de Deus*. Fountain Hills, AZ: Tyr Publishing.

Wilker, Benjamin e Witt, Jonathan. 2006. *Um Mundo Significativo: Como as Artes e Ciências Revelam o Gênio da Natureza*. Downers Grove, IL: InterVarsity Press.

www.ingramcontent.com/pod-product-compliance
Lightning Source LLC
Chambersburg PA
CBHW041629140626
46547CB00031B/1583